Karl Bleibtreu

Dies Irae

Erinnerungen eines französischen Offiziers an die Tage von Sedan

Karl Bleibtreu

Dies Irae
Erinnerungen eines französischen Offiziers an die Tage von Sedan

ISBN/EAN: 9783744618328

Hergestellt in Europa, USA, Kanada, Australien, Japan

Cover: Foto ©ninafisch / pixelio.de

Weitere Bücher finden Sie auf **www.hansebooks.com**

Dies irae.

Dies irae.

Erinnerungen

eines französischen Offiziers

an die Tage von Sedan.

C'est pour renaître ailleurs qu'ici-bas on succombe.
Tout ce qui tourbillonne appartient à la tombe.
Il faut dans le grand Tout tôt ou tard s'absorber.
Laissez tout ce qui tombe
   Tomber.
       V. Hugo, Les quatre vents de l'esprit.

Au front de tous Français c'est la tâche éternelle,
Qui ne s'en va qu'avec la mort.
       J. Barbier.

Stuttgart.
Verlag von Carl Krabbe.
1882.

Buchdruckerei von Hammer & Liebich in Stuttgart.

Bei Fröschweiler war ich leicht verwundet. Da mein Regiment so gut wie aufgerieben war, dirigirte man mich zu meiner Rekonvalescenz nach Paris, um dort aus vorgefundenen Cadres neue Mobilgarden-Bataillone zu formiren. Es war am 28. August, als mir ein Courier eine amtliche Depesche überbrachte, der ich mit Befremden Folgendes entnahm:

„Bon jour, mein theurer Colonel. Da bin ich wieder. Am 24. aufgebrochen, am 27. in Marseille angelangt, heut früh in Paris eingetroffen. Habe die lang ersehnte Versetzung zur Feldarmee erreicht. Stellen Sie sich meine Freude vor, als ich höre, Sie seien dem nutzlosen Massacre von Wörth entronnen! Bitte sich sofort zum Kriegsministerium zu verfügen. Halten Sie sich bereit, mit mir alsbald zur Feldarmee zu stoßen. Näheres und zwar Hochwichtiges bei Palikao! In alter Treue
           von Wimpffen." — —

Der Gouverneur von Oran, mein väterlicher Gönner und Waffenbruder von der Krim und Algier her, schon heute hier in Paris?! . . .

In das Cabinet des Kriegsministers geführt, wurde ich von dem General Wimpffen auf das Herzlichste empfangen. Der schöne stattliche Mann, dessen graues Haar seine nobelgeformten und auffallend intelligenten Züge noch mehr hervorhob, kam mir mit offenen Armen entgegen.

„Nun, da sind Sie ja, mon vieux garçon! Hätte nicht gedacht, Sie so bald wiederzusehen. Jetzt können wir mal wieder Schulter an Schulter fechten. Ist schon Alles abgemacht. Am Abend brechen wir auf, nach Sedan nämlich, wohin sich Mac Mahon rückwärts concentrirt hat."

„So ist es, Herr Marquis," fiel der Kriegsminister, Graf Palikao, dem ich übrigens wohl bekannt war, ein. „Die Talente Herrn von Wimpffens werden sich jetzt geltend machen. Schade genug, daß wir uns dieselben so lange entzogen haben. Es handelt sich vorerst um Ersetzung Failly's im Commando, dessen überraschende Leistungen oder vielmehr Nichtleistungen bei Reichshofen sich ja Ihnen selbst nur zu fühlbar machten."

„Doch wird es nicht dabei sein Verbleiben haben," ergänzte Wimpffen mit einer gewissen aufgeblasenen Wichtigthuerei, die ich sonst nie an ihm bemerkt hatte — die vielen Zurücksetzungen hatten eben in ihm die Einbildung verkannter Größen genährt. „Meine Mission kann weit bedeutendere Dimensionen annehmen. Keine Furcht, Graf. Der Colonel ist ein Ritter ohne Furcht und Tadel und mir sicher ergeben."

„Wir wissen, daß wir Ihnen vertrauen dürfen," meinte Palikao verbindlich. „So vernehmen Sie denn, daß man in maßgebenden Kreisen schon lange der Be=

fähigung des Marschalls Mac Mahon nicht allzu hohe
Bedeutung zumaß. Der Erfolg hat dies nur bestätigt.
Auf dem Schlachtfeld ein Bayard, ist der Herr Herzog im
Uebrigen durch den Kaiser und seine Umgebung zu leicht
bestimmbar. Er macht ewige Winkelzüge und jetzt — nach
einem peremptorischen Befehl zum Entsatz Bazaines auf
Metz zu marschiren — ist er richtig bis an die belgische
Grenze gelangt! Es scheint daher angezeigt, ihm einen
militärischen Beirath zur Seite zu stellen, der ihn auch
nöthigenfalls im Commando ersetzen dürfte. Sehen Sie
also in dem Herrn General von Wimpffen den künftigen
Chef der im Felde stehenden verfügbaren Streitkräfte!"

Ich versicherte denselben meiner Ergebenheit und
wandte dann die Aufmerksamkeit meines Gönners meiner
eigenen Bestimmung zu.

„Sie, mon cher," erläuterte mir Wimpffen, „werden
mich in besonderer Vertrauensstellung als eine Art außer=
ordentlicher Adjutant — um nicht zu sagen als mein alter
ego — begleiten."

„Ich brauche wohl nicht zu erwähnen, Marquis,"
fügte der Minister hinzu, „wie nützlich ein Offizier von
Ihrem militärischen und gesellschaftlichen Range unter den
peinlichen obwaltenden Verhältnissen als autoritative Stütze
wirken kann. Sie sind um so mehr dazu geeignet und
ausersehen, als Sie gleich dem Chef momentan keine
bestimmte Truppe sich unterstellt finden. Es ist wohl
selbstverständlich, Colonel, daß Ihr Avancement, das Sie
so wie so durch Ihre brillante Vertheidigung von Elsaß=
hausen und Ihr sehr klares und überzeugendes Mémoire

über den Gang dieses unglücklichen Treffens vollauf verdient hatten, durch diese besonderen Umstände beschleunigt werden wird. Fürs erste werden Sie in die nächste vacante Brigadierstelle aufrücken."

Man gab mir eine Stunde zur Regelung von Privatangelegenheiten. Bald rollten wir, auf den Sammetpolstern eines Extracoupés unsre Siesta haltend, Soissons entgegen. „Meine specielle Heimath!" murmelte Wimpffen träumerisch, während er die vorüberfliegenden Flecken und Felder musterte. Ein plötzlicher Gedanke schien ihn zu inspiriren und er kritzelte hastig auf ein Notizblatt, indem er wohlgefällig einige Perioden zu moduliren schien. Ich konnte mir das erst erklären, als er in Soissons bei viertelstündigem Aufenthalt das Bahnpersonal und Telegraphenbureau in Bewegung setzte und eine fulminante Proklamation an die „Patrioten von Soissons" erließ. Sie fing so an:

„Mitbürger, meine Brüder!

Von den Donnern des Krieges aus den Wüsten Afrikas aufgeschreckt, eile ich herbei auf den Schwingen kriegerischer Ungeduld. Ich bin da wie der Blitz. Schon küsse ich die Muttererde und schwöre, sie mit meinem Herzblut vom befleckenden Fußtritt fremder Eroberer rein zu waschen. Söhne derselben Mutter, deren Schooß mich gebar, Männer von Soissons, seid meiner würdig, ich werde eurer würdig sein! Seid Franzosen, seid moderne Römer! Die Trikolore vereint in sich die Lilien der Bourbons, jene Embleme der alten Chevalerie — die blutige Röthe der aufgehenden Freiheitssonne und das theure Veilchen-Blau des kleinen Corporals, unseres unsterblichen Cäsars.

Begießet die Lilien und Veilchen mit eurem Herzblut! Möge die Röthe der Begeisterung, welche eure Herzen und Wangen entflammt, die vorübergehenden Flecken tilgen, welche der vom Nordpol sich ergießende Eisstrom hunnischer Barbaren darauf gespritzt hat. En avant, mes braves, en avant!"

Im Bahnhof von Rheims herrschte ein turbulentes Treiben. Im Wirrsal der Kriegs- und Proviantzüge entdeckte mein Chef einen Cavalerietrupp — 25 Mann vom 6. Husarenregiment — dessen Marschroute nach Paris ging. Er änderte dieselbe mit jener raschen Entschlossenheit, die einen Hauptzug seines Charakters bildete, und befahl den Leuten, ihm zu folgen. Von Rheims nach Bazancourt, von da nach Rethel. Kaum waren wir hier angekommen, als der Schreckensruf „des ulans!" durch die Straßen lief. In der That, eine schwache Patrouille kam durch, aber gerade stark genug, den künftigen General en chef gefangen zu nehmen, wenn dieser sich nicht vorsichtigerweise jener persönlichen Eskorte versichert hätte.

Von Rethel aus ging die Reise zu Pferde. Man trat bereits in die von preußischer Caballerie durchschwärmten Gebiete ein und die Abenteuer dieses Tages spannen sich in eigenthümlicher Weise fort. Wir hatten eben einen Waldstreifen vor dem Dorf Signy l'Abbaye erreicht, als einige Schüsse fielen und die Spitze der Eskorte veranlaßten, Kehrt zu machen. Hinter jedem Baum schien ein Preuße zu stehen. Der Rückprall der Fliehenden war so heftig und zügellos, daß der General selbst als Opfer fiel. Ein Husar rannte gegen ihn an und schleuderte ihn in den Graben.

Mein Degen flog aus der Scheide und ich wollte eben wüthend zwei dunkle Gestalten anfallen, die sich anschickten, den abgeworfenen Feldherrn zu untersuchen, als ich die blauen Blusen von Franktireurs erkannte.

„Sacré nom de Dieu!" schrie ich laut. „Seid ihr denn rein vom Satan geritten?"

Sie stutzten, fuhren zurück, ließen von der Beute ab, erkannten beim Mondlicht ihren Irrthum — Tableau!

Mittlerweile hatten die Husaren, in der ersten Panik Reißaus nehmend, sich bald wieder gesammelt. Die Franktireurs selbst kamen aus dem Gebüsch hervor. Man kratzte sich hinter den Ohren, man stieß sich in die Rippen. Wimpffen, der ohne erhebliche Quetschung und Kontusion davongekommen war, stieg eben ärgerlich wieder zu Pferde, als ein sehr alter weißhaariger Mann als Führer und Sprecher der Bauern hervortrat. Nachdem er seine Flinte verlegen in der Hand gewirbelt und seine Zipfelmütze hin und her gedreht hatte, explizirte er sich folgendermaßen:

„Ew. Excellenz, Herr General! Ich bin hier der Schuldige — nämlich ich, der Maire François Leroux. Sie müssen uns unser Ungeschick nicht nachtragen. Ich habe schon die Invasion von 1814/15 miterlebt und habe behalten, wie wir's dazumal bis zu den Ardennen hin trieben. Dies Freischützen-Korps nun habe ich aus der Umgegend organisirt. Wir erwarteten eben preußische Kavallerie und es — dunkelte schon so stark."

Wimpffen lachte laut auf. „Was, vieille moustache!" rief er fröhlich, dem Alten wohlwollend auf die Schulter klopfend. „Von Uebelnehmen kann ja gar keine

Rede sein. Du hast Dich um das Vaterland wohl verdient gemacht, mon vieux — ich werde mir Deinen Namen merken und Dir höheren Orts eine besondere Belobigung auswirken. Der Lohn, den ein Ehrenmann in der Befriedigung seines patriotischen Gewissens im eignen Busen trägt, ist Dir so wie so sicher. Der Beifall aller Vaterlandsfreunde kann Dir nicht entgehen. Geben Sie mir die Hand, mon père. Les amis de mes amis sont mes amis: Wer Frankreich liebt, ist mein Bruder. — Sie verdienen ohnehin die Ehrfurcht jedes braven Franzosen als ein ehrwürdiger Ueberrest jener großen Zeit, wo gleich wie heut die Uebermacht barbarischer Volksstämme sich erfrechte, die große Nation und den großen Kaiser, verlassen, verrathen und verkauft, zu demüthigen, nachdem sie uns mit Insulten überhäuft und frech herausgefordert hatten. Diese Schmach darf nicht wiederkehren. Schrecklich wird sich la belle France erheben. Wir sind geduldig, wir sind langmüthig, wir sind friedliebend — aber wenn man den geheiligten Boden unseres angebeteten Vaterlandes besudelt, dann werden wir furchtbar. — Fahren Sie fort durch Ihren wohlmeinenden Eifer in Wort und That zu beweisen, daß Sie würdig sind, der großen Nation anzugehören!"

.... Nach dieser mit Begeisterung aufgenommenen, obwohl für das Verständniß der Hörer etwas hochgeschraubten Ansprache trabten wir auf Mezières zu. Eine minder enthusiastische und hochherzige Natur als Wimpffen hätte den Zwischenfall, halb lächerlich, halb unbequem wie er war, nicht so frank und frei zu behandeln gewußt.

Am 30. früh wurde Mezières erreicht. Von dort aus war es wieder möglich, die Eisenbahn zu benutzen. Gegen Mittag erreichten wir trotz mannigfacher Zögerungen und Stockungen des Verkehrs Sedan, wo wir rings um uns her das Zeltlager und die dicht durcheinander fluthende Menge unserer einmarschirenden Heersäulen erblickten. In der Ferne eine zunehmende Kanonade. Niemand wußte Näheres. — „Ce gredin-là!" murrte Wimpffen vor sich hin. „Hat da wieder was Hübsches zurecht manövrirt!"

„Oder sich manövriren lassen!" dachte ich.

Der Zug fuhr über Sedan hinaus und hielt erst außerhalb der Festung am Maasufer bei dem Dorfe Bazeilles. Dort fielen uns die dunkeln netten Uniformen und die Ordnung der Marine-Division Vassoigne auf. Wimpffen stieg zu Pferde, beritt die Ufer hüben und drüben, sprengte über die Maasbrücke und näherte sich Mairy. Die Kanonade nahm zu. Wir fragten einen vieux troupier, der uns anstierte, als wolle er sagen: „Wo zum Henker kommen denn Die schon wieder her?" um Auskunft. Da erfuhr man denn die saubre Kunde, der Feind habe unsre Nachhut in der Mittagsruhe überfallen, und dränge uns über die Maas.

„Und welches Corps?" fragte ich ahnungsvoll. — „Das 5. von Failly."

Mit einem kolossalen Kraftfluch sprang mein Chef vor Schmerz im Sattel in die Höhe und schrie fortsprengend: „Ce monsieur wird mir noch mein ganzes Korps zum Teufel manövriren!"

Auf das Wort „Manövriren" hatte er überhaupt eine besondere Pique. — —

Bei Amblimont genossen wir das reizvolle Schauspiel einer totalen Deroute. Wir warfen uns dem Strom der Flüchtigen entgegen und stauten ihn einigermaßen. Doch begegnete uns auch offene Widersetzlichkeit. „Elender Feigling!" donnerte ich einen Hauptmeuterer an.

Da antwortete der Kerl geradezu: „Unsere Offiziere sind Feiglinge und Verräther — nicht wir!"

„Bringe meine Antwort in die Hölle!" war meine Antwort — ich schoß ihn nieder. Das wirkte. So sammelten wir allmählich eine starke Versprengtenmasse von verschiedenen Korps und hielten uns in starker Stellung zwischen Mairy und Amblimont. Hier erwartete Wimpffen Bescheid auf folgende Depesche an den Marschall:

„Auf Ordre des Kriegsministers mit spezieller Vollmacht eingetroffen. Halte auf der Rückzugslinie mit Versprengten. Bitte um Befehle." — — Die Ordre kam: Rückzug auf Sedan.

Wimpffen hatte bereits einige leichte Engagements mit der feindlichen Vorhut geleitet und benahm sich überhaupt an Ort und Stelle als Höchstkommandirender, was ihm bei dem allgemeinen Wirrwarr Niemand bestritt.

„Das sind also diese Cimbern und Teutonen!" lachte der Alte grimmig, als er der feindlichen Tirailleurlinien gesichtig wurde. „Blue devils nennen die Britten die Langeweile: Mir sollen diese blauen Teufel meine Langeweile vertreiben helfen." —

Das Gefecht wurde abgebrochen und man nahm die

Truppen nacheinander bis unter die Wälle der Festung
zurück. Dort herrschte eine unglaubliche Unordnung, so
daß wir uns nur mit Mühe durchdrängen konnten. Auf
allen zur Stadt niedersteigenden oder am Fuße hingehen=
den Wegen dichte Gruppen von Soldaten; auf der Höhe
der Wälle wieder Alles roth von Offizieren. Auf den
großen weiten Plätzen innerhalb der Enceinte und auf den
beiden inneren Brücken, welche sich unten über ein großes
Wasserbassin spannten, ein ungeheures Gewirre von Men=
schen, Wagen, Rinderheerden, fahrenden oder sich in Reihen
ordnenden Kolonnen. Ein brausender fast elementarischer
Lärm wie aus hunderttausend Menschenstimmen, Vieh=
brüllen, Pferdewiehern, Räderrasseln, Signalhörnern,
Trommelwirbeln gemischt. Die Luft war kalt, aber klar;
alle Felder im prächtigsten Sonnenschein von Waffen
blitzend. Nur wenig Gewölk am Himmel, aber der Hori=
zont von den Rauchwolken unzähliger Bivouaks eingehüllt.

Die Stadt schien völlig überfüllt. Mit genauer
Noth bekamen wir noch ein paar Zimmer im Croix d'or.

Wimpffen wollte gleich anfangs das Schlachtfeld be=
sichtigen, zog es aber vor, mich erst zu Mac Mahon zu
schicken, um denselben auf sein Erscheinen vorzubereiten.
Er sollte mir auf dem Fuße folgen.

Der Marschall ließ mich sofort vor. Er sah ab=
gespannt aus, empfing mich übrigens sehr herzlich. „Eh
bien, Marquis! Es freut mich recht, Sie wiederzusehen.
Nicht als ob mich's wunderte, Sie gleich nach überstandener

Rekonvalescenz auf dem Posten zu finden: Das ziemt sich für einen braven Soldaten wie Sie. Lieber wär' es mir freilich gewesen, wenn Sie sich eigens einen Truppenkörper mitgebracht hätten. Ihr Regiment ist vernichtet, wie Sie wissen. Es wird schwer halten, einen angemessenen Platz für Sie zu finden."

„Herr Marschall, die von mir reorganisirten Cadres und daraus formirten Mobilgardenbataillone sind dem Corps Vinoy zugewiesen, das überhaupt alle verfügbaren Streitkräfte der Seine- und Marne-Departements an sich zieht."

„Ganz recht!" bekräftigte der Herzog eifrig. „Vinoy ist ein vorsichtiger und umsichtiger Offizier. Hoffentlich rückt er nicht zu langsam vor. Er soll die Pariser Straße halten (wie Ihnen bekannt sein dürfte) und mit unserem rechten Flügel Fühlung suchen. Nach seiner gestrigen Depesche zu urtheilen, muß er sich etwa hier befinden." Er deutete auf einen mit rother Nadel markirten Punkt der Spezialkarte, die aufgerollt auf dem Tische lag. „Freilich" — er pauste, warf einen träumerischen Blick durchs Fenster und ging hastig auf und ab; „am Ende ist's eben so gut, wenn er sich fernhält."

„Aha! Niederlagen stecken an!" dachte ich.

Der Marschall schien in tiefe Gedanken versunken. Plötzlich blieb er stehen und trommelte langsam auf die Fensterscheiben. „Ja, ja!" hörte ich ihn halblaut murmeln. „Nur die Hauptstadt im Auge behalten! — Falls er sich nicht abschneiden läßt, so — bleibt doch noch Etwas übrig — —" Offenbar hatte er meine Anwesenheit vergessen — jetzt erinnerte er sich ihrer und eine verrätherische Röthe stieg momentan in seine Wangen, während er die Lippen zusammenbiß, als fürchte er, zu viel gesagt zu haben. Er sah mich einen Augenblick scharf an und sagte dann langsam und prüfend mit einem unbehaglichen zweideutigen Lächeln: „Mißverstehen Sie mich nicht! Aber ich hätte gewünscht, Sie hätten sich auch zu Vinoy dirigirt. — Ich verstehe wohl — Ihre Truppen waren noch nicht marschfertig und so sind Sie in Ihrem Pflichteifer und Thatendrang allein vorausgeeilt, wo die Gefahr rief."

„Nicht ganz allein!" korrigirte ich respektvoll. „Ich erlaube mir, Ew. Excellenz zu rapportiren, daß ich als persönliche Begleitung des Generals Wimpffen angelangt bin."

Mac Mahon trat ordentlich einen Schritt zurück und seine Stirne umwölkte sich auffallend. „Ah, in der That? — Ich vergaß — Sie sind ja ein alter Freund und Verehrer dieses Herrn. Nun, da sind Sie ja in besten Händen — man muß Sie beglückwünschen. — Pardon, mein Bester, aber das ist einigermaßen komisch. Zwei „Generale auf Reisen", die sich erst ihre künftigen Truppen aussuchen möchten!"

„Doch nicht so ganz. Graf Palikao hat dem General Wimpffen das 5. Korps überwiesen."

„Das wird ja immer besser! — Zwei Commandeure bei einem Corps ist ein Luxus, den wir uns bei diesen harten Zeiten wohl kaum gestatten dürfen!!" — —

„Ich bedaure unendlich, Herr Herzog, Sie benachrichtigen zu müssen, daß der General von Failly seiner Stelle enthoben ist. Die Absetzungsordre ist durch das Verhalten des Generals bei Wörth motivirt."

„Habe ich mich etwa darüber beschwert!" fuhr Mac Mahon auf. „Ich finde das sehr übereilt."

„Darf ich den Herrn Marschall darauf aufmerksam machen, daß Beaumont nicht grade zur Befestigung des erschütterten Vertrauens in Herrn von Failly's Fähigkeiten dienen mag."

„Hm — Sie haben Recht, Colonel."

In diesem Moment wurde Wimpffen gemeldet und trat, der Ordonnanz auf dem Fuße folgend, mit großer Cordialität ein. „Melde mich gehorsamst, mein theurer" — er wollte wohl den Namen seines alten Waffengenossen hinzufügen, aber auf die kalte Erwiderung seines Hände= drucks hin substituirte er den Titel: „Marschall. Komme direkt aus unserm Oran."

„O doch wohl auf einem Umweg über Paris, mein theurer General!" berichtigte Mac Mahon mit beißender Ironie. „Ich höre ja, Sie haben dort gar wichtige Unter= redungen mit Palikao gepflogen."

„Die zu peinlichen Erwägungen führten" parirte Wimpffen, sich stolz aufrichtend, da ihn der kühle Ton des Andern nicht wenig verletzte: „Es haben Erörterungen stattgefunden, die es der höchsten Behörde wünschenswerth machten, frische Kräfte heranzuziehen."

„Nun ja, Sie sind eine ausgeruhte Kraft," bekräftigte der Marschall mit sarkastischem Pathos, „dessen kann sich Failly nicht rühmen. Uns hat der Feind wenig Ruhe gelassen. — — N'importe! Ich hoffe," brach er rasch ab „für Ihre Wirksamkeit bald das geeignete Terrain zu finden."

„Das pflege ich mir selbst zu suchen und habe es auch schon gewählt," erwiederte Wimpffen gleichmüthig. „Ich glaube überhaupt mit jeder Minute mehr, daß meine Anwesenheit grade hier erforderlich ist."

„Was Sie sagen, General! — Genug, wir werden ja sehen!" Der Herzog unterdrückte geflissentlich einen Gähnkrampf.

„Aber so bald wie möglich, wenn ich bitten darf. — Fürs erste möchte ich den Herrn Marschall ersuchen, mich beim 5. Korps einführen zu wollen."

„Mit Vergnügen." Die vornehme Reservirtheit des Siegers von Magenta wurde durch die höfliche Kopfneigung, welche diese Worte begleitete, nicht gemindert.

„Ferner gebe ich Ew. Excellenz anheim, ob dieselben nicht mir, dem ältesten General am Platz (mit scharfer Betonung), einige Erläuterungen über den Gang der Ereignisse zu geben gewillt sind?"

„O, die Orientirung kann Ihnen nicht schwer fallen," warf der Herzog nachlässig hin.

„Hier gewiß nicht," gab Jener trocken zurück. „Ich habe mich bereits an Ort und Stelle nachdrücklich orientirt und mir meine eigne Meinung gebildet."

„Tant mieux! — Augenblicklich bin ich leider mit dem Plan der Marschroute beschäftigt, werde aber sogleich zu Pferde steigen, um dem Verlangen Ew. Excellenz zu willfahren. — A revoir!" . . . .

Bis zur Rückkehr ins Hôtel verharrte Wimpffen in

hartnäckigem Schweigen. Er brach es erst, nachdem er sich aufs Sopha ausgestreckt und eine Regalia angezündet hatte, deren blaue Ringel er gedankenvoll beobachtete:

„Das mehr abgeneigte als wohlwollende Betragen des Marschalls beschäftigt mich. Merkwürdig! Kein Wort von Dem, was er vorhat!"

„Mir war am auffallendsten," bemerkte ich, „die Ruhe, um nicht zu sagen Genugthuung, die sich in seinen Zügen aussprach. Und doch befinden wir uns vielleicht in einer ähnlichen Lage wie Melas vor Marengo."

Wimpffen fuhr jählings herum und sah mir, sich auf den Ellenbogen stützend, scharf ins Gesicht: „Was ist das? — Ich hoffe dergleichen Äußerungen nicht mehr von Ihnen zu vernehmen, Colonel. Ist denn dies heimliche sauve qui peut eine allgemein ansteckende moralische Epidemie geworden?" Ich zuckte die Achseln und schwieg. Eine Stunde verging — Mac Mahon kam nicht. Statt seiner wurde der General Lebrun, Commandeur des XII. Corps, gemeldet. Wimpffen sah diesen Besuch als ein ihm gebührendes Respektszeichen an und empfing den Eintretenden mit einer gewissen cordialen Herablassung, ohne die höfliche Kälte des Andern zu bemerken. Nach den gewöhnlichen Komplimenten hob dieser mit verbissener Gereiztheit an: „General, ich komme, um eine Pflicht zu erfüllen. Kaum sind Sie angelangt und schon muß ich Ihnen meinen verbindlichsten Dank aussprechen. Sie haben, wie ich höre, Trümmer meines in die Deroute des fünften mit fortgerissenen Corps gesammelt. Diese Hilfe ist um so anerkennenswerther, als sie so — unerwartet kam."

Getroffen von diesem versteckten Vorwurf, erwiederte Wimpffen brüske: „Ich kam grade zu geeigneter Zeit, um mich zu überzeugen, wie sehr es Noth that, zum Rechten zu sehn. Ich bin nicht umsonst mit unumschränkter Vollmacht der höchsten Behörde hierhergesandt." Dieser Keulenschlag schmetterte nun freilich die harmlose Ironie Lebruns nieder. „Verdammter Kerl!" las ich auf seinem Gesicht. „Kaum ist er eingeführt und giebt sich schon Allüren, als hätte er den Sieg eigens in die Tasche gepackt!" — Doch bezwang er sich mit weltmännischer Gewandtheit und, sich verbindlich empfehlend versicherte, er nicht länger stören zu wollen. Er habe es für seine Schuldigkeit gehalten, einen neuen Kameraden — bei diesem gleichstellenden Ausdruck runzelte Wimpffen pikirt die Stirn — zu begrüßen.

„Beiläufig," er blieb plötzlich in der Thüre stehn, „wie sind der Herr General denn eigentlich ins Lager gelangt und zwar nach Bazailles? Sie können doch nicht mitten durch den Feind geflogen sein?!"

„Ich kam ganz einfach mit der Eisenbahn über Rethel-Mezières," erwiederte Wimpffen erstaunt.

„Verstehe ich Sie recht? Der Weg über Mezières ist also noch ganz frei? Aber das ist ja von höchster Wichtigkeit. Verzeihn Sie, ich muß sofort zum Marschall. Ihr ergebenster Diener."

„Verstehn Sie das nun wieder?" fragte Wimpffen unwillig; „diese Geheimnißkrämerei!" Mir begann es zu dämmern. — Es verstrichen ein, zwei, drei Stunden — ich klingelte nach dem Diner: Der Marschall kam nicht. Nach dem Essen fuhr Wimpffen mit hochrothem Gesicht vom Stuhl empor: „Das ist eine Insulte! Aber ich werde es dem Mac Glückspilz schon noch eintränken. Wenn er sich übrigens denkt, ich würde mich an seine Rockschöße heften, so hat er sich verrechnet. Eh bien! Ich werde mich selbst meinen Leuten vorstellen."

Im vieux camp, dem Centralpunkt unsrer Aufstellung, wo das 5. Corps in Reserve stand, herrschte ein tumultuarisches Treiben. Die bekannte weibliche Bagage und die cuisine du maréchal hatte Mac Mahon diesmal zu Hause gelassen. Auch alle sonstigen Utensilien zur promenade militaire à Berlin fehlten — die Sache war doch mit der Zeit zu ernst geworden. Nichtsdestoweniger ließ die Disciplin noch viel zu wünschen übrig und, weit entfernt mich zu befriedigen, mußte sie einem rigorosen Offizier, wie meinem Chef, höchlich mißfallen. „Diese Zucht!" murrte er „und da soll man sich wundern, am hellen lichten Tage vom Feind überfallen zu werden." Eben kreischte ein angetrunkener Troupier gemüthlich vor sich hin:

„De Failly
A failli
Être maréchal.
S'il fut resté dans Rome,
On croit, que ce bel homme
Eût pu faire un caporal."

Wimpffen unterdrückte seine Lachlust und versicherte ernsthaft: Ich würde den Burschen füsiliren lassen." Damit ging er mit der ihm eigenen Impetuosität sofort ans Werk, bemächtigte sich eines Stabstrompeters und ließ durch dessen

Blasen die Offiziere zusammenberufen, denen er sich nun in aller Form zu erkennen gab. „Da kommt Failly!" rief plötzlich Einer halblaut. Und in der That kam dieser General direkt auf uns zugeritten, geschniegelt wie immer. Wimpffen ritt rücksichtsvoll abseit, um dem Andern Gelegenheit zu privater Zwiesprache zu geben. Durch herbeieilende Offiziere von dem Vorgefallenen unterrichtet, ließ derselbe auch nicht lange auf sich warten.

„Was höre ich da?" begann er mit vor Wuth bebender Stimme, „ein fremder General nimmt über mich weg das Kommando? Wer sind Sie? Wie dürfen Sie wagen —"

„Sie werden ermessen," unterbrach ihn Wimpffen kühl, „daß man Dergleichen nicht auf eigne Verantwortung hin unternimmt." Damit händigte er Failly das Absetzungs-Dekret ein. Dieser las und wurde bald blaß bald roth.

„Ja ja, s' ist Alles in Ordnung!" höhnte er; „Sie sind also der General Wimpffen, Gouverneur von Afrika. Sie werden mein Erstaunen begreifen, daß derselbe so sans façon wie aus den Wolken ins Lager der großen Armee herabfällt, und zwar, um bewährte Führer vom Commando zu verdrängen."

„Mein Herr!" Einen Augenblick standen sich die Heerführer, Hand am Degen, Auge in Auge gegenüber. Aber die imponirende Erscheinung und stolze Haltung meines Chefs schüchterten den Andern zusehends ein.

„Nun ja, ich weiß ja!" warf er mit kleinlauter Ironie hin, „in der Redaktionsstube des Gaulois geht ja

Alles am Schnürchen und Alles ist sonnenklar und einfach. Ein Franzose umzingelt drei Ulanen und der General marschirt auf den Kanonendonner los und vernichtet den Feind, wo er ihn findet. Wer hinter diesen drakonischen Anforderungen zurückbleibt, ist ein imbécile, ein preußischer Spion, ein Verräther!"

„Auch mir ist der Dilletantismus und seine plumpe Einmischung verhaßt," betonte Wimpffen würdevoll „aber ich muß Sie darauf hinweisen, Herr v. Failly, daß noch nicht der Mob, die Crapüle, in Paris regiert, sondern Se. Excellenz der Kriegsminister Graf Palikao."

„Ah, c'est un brave!" brach Failly grimmig los, „wie schlau er immer war! Sitzt zu Hause und macht in Depeschen und Bulletins, während wir Leben und Ehre in die Schanze schlagen. Natürlich! Hier giebts keinen chinesischen Winterpalast, aus dem man wie ein Betrunkener heraustaumelt, weil man seine Kanonenstiefel mit Pretiosen vollgeladen hat!"

„Mein Herr!" unterbrach ihn mein Chef mit indig= nirter Strenge, „ich mache Sie darauf aufmerksam, daß ich als hier am Platz Commandirender Sie bei fortgesetzten Subordinationsfehlern um Ihren Degen bitten müßte. — Erschweren Sie mir nicht das Peinliche der Situation und fügen Sie sich mit Anstand in das Unvermeidliche!"

… „Nun, wohl bekomms!" Failly warf seinen Renner herum und rief davonsprengend in heller Wuth: „Bekommen wir bald mehr Nachschub von solchen Nach= hilfe=Generalen?! Wo das Aas ist, da sammeln sich die Raben."

Ich sah Wimpffen an, wie entsetzlich ihn, den Gentleman comme il faut, das Vorgefallene kränkte. „Man begreift kaum," bemerkte er mit bebender Lippe, während er unruhig an den Uniformknöpfen nestelte, „wie dieser Mann mehr auf dem Hofparquet als auf dem Schlachtfeld zu Hause ist. Ce monsieur! — Hat übrigens bei Mentana, wo sich unser Chassepot so admirabel bewährte, eine brillante Affaire gehabt." — Seine aller Intrigue und jedem kleinlichen Neid abholde Natur sprach sich in diesen wenigen Worten aus. „Nun zum Kaiser!" . . .

———

Im kaiserlichen Hauptquartier gemeldet, wurden wir sogleich vorgelassen. Der Kaiser kam meinem Chef sogar einen Schritt weit entgegen und ergriff ihn warm an der Hand. Nachdem der Letztere die Gewogenheit gehabt, mich mit schmeichelhaften Ausdrücken als sein alter ego vorzustellen und mir Se. Majestät, dem ich seit lange bekannt war, huldvoll Ihre Befriedigung über mein erneutes Eintreffen bekundet hatte, wandte sich derselbe plötzlich mit thränenerstickter Stimme an Wimpffen: „Was ist's denn nur, General, daß wir ewig geschlagen werden? Was mag nur wieder diese unglückliche Beaumont=Affaire herbeigeführt haben?"

„Sire, ich vermuthe, daß unsre Corps in Nähe des Feindes immer in zu großen Entfernungen von einander stehen. Befehle sind schlecht gegeben und mangelhaft befolgt worden."

"Sehr plausibel, sehr wahr, mein theurer General. Ich freue mich, Sie an meiner Seite zu finden. Apropos," setzte er zögernd hinzu, "ich hoffe, daß man Ihnen bereits eine Stellung angewiesen hat, welche Ihrem Range entspricht und mit Ihren Neigungen harmonirt?"

"Hm — nicht ganz. Gewissermaßen. Ich bin zum Befehlshaber des fünften Corps designirt."

"Ah — was? Da steht ja aber Failly," meinte der Kaiser mit langem Gesicht.

"Stand. Se. Excellenz der Kriegsminister fand für gut, denselben seines Postens zu entheben."

"Ja, ich weiß, man wirft ihm viel vor. Ich bin vielleicht zu parteilich; die Kaiserin begünstigt ihn sehr. Aber jedenfalls muß das doch übles Blut machen. Uneinigkeit unter den Generalen, wo die Disziplin der Armee schon so sehr gelockert ist —"

"Deßwegen eben, Sire, muß das Ganze unter eine straffe, einheitliche Leitung genommen werden."

Der Kaiser sah meinen Chef groß an. "Aber man kann Sie doch nicht so ohne Weiteres — —" warf er naiv hin.

"Wie würde ich daran denken, Sire?! — Nur bitte ich Ew. Majestät, das beifolgende Dokument prüfen zu wollen." Damit händigte er Napoleon das dienstliche Schreiben Palikao's, welches die betreffende Angelegenheit regelte, ein.

Derselbe las mit sichtlicher Befremdung. "Gut, sehr gut!" verlautbarte er sich dann befriedigt. "Das entspricht durchaus meinen eigenen Wünschen."

„Dürfte ich überhaupt Ew. Majestät fragen," brach hier mein Chef mit sichtlicher Erregung los, „warum ich so spät zur Uebernahme eines Commandos berufen bin?"

„Hm, mein theurer General, der Marschall Mac Mahon bestand darauf, daß Sie in Algerien belassen würden. Er hielt Ihre Anwesenheit daselbst nöthig für die Ruhe der Provinz."

„Ah, natürlich!" Wimpffen lächelte bitter. „Mit der wohlfeilen Versicherung, daß Afrika durchaus einen Mann von Charakter erheische und man daher auf meine europäischen Dienste verzichten müsse, bin ich wiederholentlich abgespeist. — Daher durfte ich erst nach so schweren Niederlagen eintreffen. Aber ich werde Alles daran setzen, die Unfälle auszugleichen. Rechnen Sie, Sire, auf meine Energie!"

„Ich weiß, daß ich darauf rechnen kann."

In diesem Moment trat der Höchstkommandirende ein und Wimpffen steckte eilig das Dekret des Kriegsministers in die Uniformtasche; aber nicht ohne daß Mac Mahon das amtliche Siegel erkannt und einen mißtrauisch forschenden Blick, dem blitzschnell ein verständnißinniges Hohnlächeln folgte, auf den Ueberbringer geworfen hätte.

„Sie freuen sich gewiß auch, mein lieber Marschall," hob Seine Majestät an, „einen so erfahrenen Beirath an Ihrer Seite zu sehen. Ich bedaure nur, daß wir diese Stütze so lange entbehren mußten."

Mac Mahon murmelte etwas Undeutliches, was für Verbindliches gelten sollte, und entschuldigte sich dann mit einer gewissen Nonchalance von oben herab: „Leider konnte

ich Sie noch nicht beim Corps Failly einführen. Ueber=
häufung mit Geschäften hinderte mich."

„Das fünfte Corps oder Corps Wimpffen," erwiderte
mein Chef mit scharfer Betonung, „hat durch mich selbst
erfahren müssen, daß es der ungeschickten bisherigen Leitung
entrathen kann. Ich habe allerdings die Ehre gehabt, drei
Stunden auf Ew. Excellenz zu warten. — — Darf ich
nunmehr bitten, mich wenigstens über den Stand Ihrer
Operationen unterrichten zu wollen?"

„Das wird nöthig sein, sobald ich den Kriegsrath
berufe," erwiderte der Marschall schroff.

Se. Majestät warf ihm jedoch einen unwilligen Blick
zu. „Auch ich wünsche das. Etwaige Winke des Herrn
Generals dürften vielleicht nicht unersprießlich sein."

„Sie haben nur zu befehlen, Sire."

Der hochmüthige Herzog konnte jedoch nicht umhin,
seinen Rapport nur an den Kaiser zu richten und Wimpffen
die Schulter zuzukehren.

„Die Sachlage steht leider so: Gestern telegraphirten
Ew. Majestät nach den Tuilerien: ‚Unvortheilhafte Affaire
bei Beaumont. Engagement ohne große Bedeutung.‘ —
Meine eben expedirte Depesche aber lautet bereits: ‚Bin
gezwungen, mich auf Sedan zurückzuziehen.‘"

„Sehr lakonisch!" fuhr Wimpffen auf. „Zurückzuziehen?
Ich denke, wir sind im Vormarsch. Und gezwungen —
von wem?"

„Werden Sie bald genug erfahren," war die ruhige
Antwort. „Um Ihnen aber meine Operationsbasis klarzu=
legen: Nachdem ich die Armee im Lager von Chalons

konzentrirt hatte, marschirte ich nordwestlich, so daß der Feind annahm, ich würde ihm in einer Frontalstellung die Spitze bieten, oder nach Paris repliren. Statt dessen zwangen mich Bestimmungen des Kriegsministers, denen ich anfänglich willig folgte, östlich abzubiegen, um zur Befreiung der Rheinarmee heranzurücken. Der Feind hat aber durch Aufklärungen seiner Kavallerie meine Absicht rechtzeitig bemerkt und eine, wie es scheint, bewunderungs= würdige Rechtsschwenkung vollzogen. Mit dem einen Haken seiner umfassenden Linie hat er uns bei Beaumont gepackt und über die Maas geworfen. Ich ziehe daher unter allen Umständen den Marsch nach Westen, also nach entgegen= gesetzter Richtung, vor. Wir rücken auf Mezières."

„Auf die belgische Grenze zu?" fiel Wimpffen spöttisch ein. „Welch einnehmender Anfang! Das kann ja weit führen. Eine Schlacht mit pikantem Haut=goût. Wir werden also, mit dem Rücken gegen die Grenze gerichtet, dem Feind die Stirne weisen?"

„Wenn er uns keine andere Wahl läßt, kann's dazu kommen," erwiderte der Marschall mit eisiger Ruhe. „Ich hoffe jedoch noch, ja gedenke mit Bestimmtheit, zwischen dem Feind und der Grenze bei Mezières durchzuschlüpfen."

„Durchschlüpfen?!" Wimpffen schien starr vor Staunen. „Ein französisches Heer dem Feind entschlüpfen?! Höre ich den Herzog von Magenta?!"

„Sie hören ihn, mein Herr. — Ich verstehe: Sie möchten auf einen Durchbrechungsversuch anspielen. Hätte ich die Oesterreicher von Solferino vor mir, wäre ich derselben Ansicht. So aber liegen die Dinge anders."

„Nun, ich sollte denken," bemerkte Wimpffen sehr logisch, „wenn der Feind wirklich eine so umfassende Rechtsschwenkung vorgenommen hat, so müssen seine Truppenkörper bei dieser Bewegung gehörig auseinandergekommen sein, und es sollte uns leicht werden, uns zwischen die marschirenden Massen einzuschieben."

„Darin liegt etwas Wahres!" gab der Feldherr zu. „Und es kann sein, daß ich, reiflicher Erwägung folgend, diesen Plan aufnehme. Vielleicht gelingt es, die Straße nach Montmédy zu erreichen und die Verbindung mit Vinoy herzustellen."

„Ach, was geht uns Vinoy an!" fuhr Wimpffen ärgerlich auf. „Es handelt sich ja um Bazaine."

Ein mir damals unerklärliches Lächeln des Marschalls strafte diese vermessene Zuversicht. „Ja, ja freilich!" sagte er dann langsam. „Für's Erste aber müssen wir dann die Maas zurückpassiren."

„Sehr richtig!" bekräftigte Wimpffen mit bitterem Nachdruck. „Von der breiten Brücke stehen nur noch die Pfeiler. Mit so würdevoller Geschwindigkeit fanden wir für gut, das Wasser zwischen uns und den Feind zu bringen. N'importe! Als ob ein Fluß nicht überschreitbar wäre!"

„Assurément. Uebrigens übertrage ich Ihnen das Commando des rechten Flügels, fünftes und zwölftes Corps, so daß Sie im Fall des Angriffs die Tête der Avantgarde nehmen würden."

Mac Mahon glaubte wohl durch das Ueberlassen dieser Ehre den Inquisitor mit seinen lästigen Kreuz- und Querfragen zu besänftigen. Hier fiel der Kaiser, der aufmerksam zugehört hatte, plötzlich sehr verständig ein: „Sie wissen, ich mische mich grundsätzlich nicht in militärische Angelegenheiten. Aber erklären Sie mir doch: Wenn Sie den Marsch nach Mezières über Sedan für nothwendig halten, warum befinden wir uns nicht schon auf dem Wege nach Mezières?"

Der Marschall strich sich verlegen den Schnurrbart. „Dieser triftige Einwand Ew. Majestät wird leider durch die Verhältnisse entkräftet. Die gestrige Deroute hat eine theilweise Panik hervorgerufen und wir müssen uns erst hier unter den Kanonen der Festung reorganisiren. Auch bedarf die erschöpfte Armee eines Ruhetages."

„Wenn sich der Feind nur auch dergleichen gönnt!" dachte ich. „Und im Falle wir hier die Schlacht erwarten," — Wimpffen, der eine gründliche Verachtung vor allem strategischen Hin- und Hermarschiren entwickelte, kam stets auf diese spezielle Liebhaberei, das Zerhauen des gordischen Knotens, zurück — „so meine ich, daß die kaiserlich französische Armee keinen erschöpften Gegner zu fürchten braucht, der beim Versuch, uns zu überflügeln oder gar zu umgehen, seine Linien zu weit ausdehnen muß, so daß ein scharf vordringender Keil sie nothwendig sprengen wird."

Der Marschall machte ein merkwürdig langes Gesicht. „Hm, mon cher, da sehen Sie doch zu rosenfarben. So überaus günstig stehen die Chancen nun grade nicht. — Jedoch, davon ist ja gar keine Rede. Morgen Vormittag hat der Feind bestimmt noch nicht Truppen genug beiein=

ander, um uns zu attaquiren, und um Acht sind wir über alle Berge. Um Sieben wird das Lager allarmirt."

„Im Falle einer Schlacht," fuhr der hartnäckige Wimpffen fort, „würden Sie doch dieselbe nicht abbrechen?"

Der Marschall machte eine ungeduldige Bewegung. „Nein, nein, beruhigen Sie sich! Dann werden wir schlagen. Und zwar allerdings den Schwerpunkt auf den rechten Flügel verlegen."

„Sagen Sie doch," meinte der Kaiser bedenklich, „ist die Stimmung der Armee wirklich so deprimirt?"

„O das ist nichts. Ich kenne den französischen Soldaten von zwanzig Schlachten her: er ist ein Bataille= mann. Rückzug entmuthigt ihn, aber er findet den Elan auch unter ungünstigsten Umständen im Gefecht wieder. Zeuge dafür ist sogar die fatale Beaumont=Affaire nach allen mir zugekommenen Rapporten. Mitten in der Siesta mit Granaten überschüttet, haben unsere Burschen, theils noch im Hemd, das Chassepot an die Hüfte geklemmt, binnen fünf Minuten eine Feuerlinie entwickelt, vor der die feindliche Artillerie auf der Höhe zum Schweigen gebracht und ihr Fußvolk dezimirt wurde. — Auch haben wir vorzügliche Elemente unter den Bestandtheilen des Heeres. Ein Bruchtheil sind Elitetruppen. Die Marine= division Lebruns ist ersten Ranges. Und mein früheres Corps, jetzt Ducrot, brennt nur nach Revanche für Wörth."

„Wie müssen auch Sie begierig sein, diese Scharte auszuwetzen, mein theurer Marschall," bemerkte Wimpffen mit boshafter Theilnahme.

„Trösten Sie sich, General!" parirte Jener. „Ich

werde eben meine Schuldigkeit thun, bis ich hors de combat bin. Und dann wird sich ja sicher (mit einem vielsagenden Seitenblick) ein würdiger Nachfolger finden...."

Nachdem wir aufs Huldvollste entlassen waren, erinnerte ich den Chef daran, daß derselbe das Schlachtfeld bereiten wolle. Er ergriff diesen Vorschlag mit dem ihm eigenthümlichen, unruhigen Impuls und wir befanden uns bald darauf im sogenannten Bois de Garenne bei meinem früheren Corps. Ich wurde lebhaft ergriffen, meine alten Fahnen und Regimentsnummern wiederzusehen und mich aufs Neue unter meinen Kameraden von Wörth zu finden. Allenthalben wurde ich erkannt und freudig angerufen — zu meiner großen Verlegenheit, da Niemand meinen Vorgesetzten kannte. An einem Bivouakfeuer sah ich keinen Geringeren, als meinen früheren Divisionär, den jetzigen Corpskommandeur Ducrot, lagern. Derselbe sprang bei meinem Anblick heftig auf, starrte mich an und eilte sogleich mit ungeheuchelter Freude auf mich zu:

„Alle guten Geister, Marquis! Sie noch unter den Lebenden oder von den Todten auferstanden? Ich sah Sie doch bei Fröschweiler stürzen, als schon Raoul gefallen war?"

„Ich entkam. Mein alter Raoul blieb mit zerschmettertem Bein auf der Dorfgasse liegen und versicherte nachher dem bayerischen General, dem er sich ergeben mußte, mit freundlichem Lächeln: ‚Sie haben mir's leider unmöglich gemacht, davon zu laufen!'" — Ich folge hier der Erzählung eines Zuaven, der sich als Gefangener später rangirt hat."

„Das sah Raoul ähnlich. — Ich schleppte auf

dem Rückzug unsern gemeinschaftlichen Freund, den Oberst vom neunten Kürassierregiment, Brigade Michel, mit. Brüllte der Arme in seinem Fieberparoxysmus fortwährend markdurchdringend: ‚Pratiquez la charge, pratiquez la charge!‘ Die Besinnung kam ihm jedoch wieder und er starb sehr charakteristisch, indem er nämlich einen Spiegel forderte, seine vom Todeskampf entstellten Züge musterte, sein blutiges Haar zurückstrich und sich mit einem vernehmlichen: ‚Bah!‘ langstreckte, worauf er ohne Laut verschied. — Wie wird die bewußte Comtesse in der Chaussée d'Antin die Nachricht ertragen haben! Mon dieu! Solch ein Krieg ruinirt uns noch nebenher in Herzenshabseligkeiten und Charaktereigenschaften. Man wird ganz abgestumpft."

Jetzt fiel Ducrot's Blick auf Wimpffen, und dessen hohen Rang erkennend, grüßte er förmlich, indem er mich fragend ansah. Ich hielt es jedoch nicht für angemessen, meinen höchsten Vorgesetzten vorzustellen. Wimpffen selbst hinderte sein Stolz daran. So mußte ihm denn Ducrot die Mühe dieser Ceremonie ersparen.

„Pardon! Ich glaube nicht fehlzugehen, wenn ich in Ihnen den General Wimpffen vermuthe?"

„Und ich habe die Ehre, den General Ducrot vor mir zu sehen?" verbeugte sich Jener mit vieler Herablassung. „Es ist mir besonders angenehm, Ew. Excellenz kennen zu lernen. Durch die Fama mir schon lange bekannt, sind Sie mir durch Ihr ausgezeichnetes Benehmen in der Schlappe von Wörth unbekannterweise lieb und werth geworden. Der Kriegsminister hat mich außerdem ausdrücklich auf Sie, General, hingewiesen."

Ducrot verneigte sich mehrmals, aber sein malitiöses Lächeln verrieth die Frage: „Sind Ew. Gnaden vielleicht per Extrapost aus Algier hergereist, um mir eine allerhöchste Belobigung zu ertheilen?" — Doch vermochte er nicht zu widerstehen, als ihm mein Chef mit seiner gewöhnlichen gewinnenden und nobeln Manier die Hand entgegenstreckte: „Nicht wahr, wir werden gute Kameradschaft halten?" und bat ihn, neben ihm am Feuer Platz zu nehmen.

Nach einigen allgemeinen Vorreden sagte Ducrot: „Ich darf wohl annehmen, daß Ew. Excellenz das fünfte Corps eigentlich nur nominell übernommen haben?"

„Wie so?" fragte Wimpffen lauernd.

„Nun, habe ich mich getäuscht, wenn ich gehört zu haben glaube, daß der Herr General, mit ganz speziellen Vollmacht aus höchster Instanz ausgerüstet, unser Lager beehren?"

„Dem ist so!" gab Wimpffen gelassen zurück, indem er die Arme kreuzweis übereinanderschlug und die koloristischen Effekte beobachtete, welche die Wipfel der riesigen Pappeln über uns chamäleontisch verklärten, ein Abglanz der Abendwolken, die mit unsagbarem Farbenschmelz darüber hinschwammen.

Eine lange Pause trat ein. Ducrot beugte sich gedankenvoll vor, um die Scheite zu schüren, so daß die auflodernde Flamme seine scharfmarkirten Züge grell beleuchtete. Er lächelte gezwungen — bei ihm das untrügliche Merkmal innerer Wuth.

Das Wiehern der angekoppelten Streitrosse und das

Klirren der Gewehrpyramiden wurde von dem Gelächter und den Gesängen der Bivouakierenden unterbrochen. Fernab erscholl das Brausen der plötzlich zu einer volkreichen Großstadt angeschwollenen Festung. Die Abendsonne, die wie eine feuerrothe Glocke im Flußspiegel und über den Lachen der sumpfigen Niederung gezittert hatte, verblich mehr und mehr. Der Mond ergoß seinen Silberglanz durch das Herbstlaub. Die Schatten der Nacht senkten sich tief an den steilen Abhängen und gelben Steinbrüchen entlang. Eine Chateaubriand'sche Stimmung! Die Augen der Ermüdeten schlossen sich unwillkürlich — ein feenhaftes Dämmern umhüllte die Natur und die Seele.

„Und was denken Sie von unsern Positionen?" nahm Ducrot die Unterredung wieder auf.

„Nun, ich denke, sie sind nicht übel gewählt," urtheilte mein Chef.

Hier räusperte ich mich, erschreckt zusammenfahrend, so stark, daß Beide mich fragend und mißbilligend ansahen. „Entschuldigen Sie, meine Herrn Generale," erklärte ich mich respektvoll, „wenn meine Ansichten den Ihren diametral entgegenstehen. Aber ich bekenne ehrlich, daß mich an Stelle des Marschalls die Frage, ob er sich diese Positionen ausgesucht habe oder der Feind für ihn, gar sehr in Verlegenheit setzen würde."

„Ei, ei, sieh einer den schnellen Beobachter!" nickte Ducrot, augenscheinlich beistimmend. „Nun, legen Sie los, Colonel! Wir sind ja entre nous."

„Nun denn! Die hiesige Gesammtlokalität gleicht einer Tortenform, in deren Mitte wir uns befinden. Wenn der Feind auf dem Rande der Form erscheint, so müssen wir seinem concentrischen Feuer erliegen."

„Das ist aber nicht so in Bausch und Bogen zu nehmen," wandte Ducrot ein, „denn im Mittelpunkt der Vertiefung taucht ein Bergkegel auf, der mal dick, mal dünn, mal zugespitzt, mal plateauartig, mal in einfacher Rundung, mal in senkrecht gestellter Wellenlinie alle Bergformationen grotesk in sich vereinigt. Und gerade auf diesem Kegel stehn wir ja und haben gegen den Tortenrand, um in Ihrem Bilde zu bleiben, einzelne Divisionen vorgeschoben."

„Um so schlimmer!" erwiderte ich hastig. „Das weittragende Granatfeuer des Feindes kann von den umgebenden Waldbergen aus möglichenfalls nicht bis in die Thaltiefen hinabreichen. Dies hochgelegene Plateau hingegen können sie von allen Seiten überschauen und gemüthlich bestreichen."

„Ach was!" Wimpffen nahm einen unwillig tadelnden Ton an, „man muß dem Feind nicht Alles zutrauen. Gesetzt, unsre Position wäre nicht günstig, wie sollten die Preußen denn auf diesen Bergkranz, der uns in meilenweitem Bogen umspannt, hinaufgelangen?"

„O darum machen Sie sich keine Sorge!" fiel Ducrot mißbilligend ein, „lernen Sie den Gegner erst kennen! Das Wort „unmöglich" kommt in dessen Dictionnäre nicht vor. Diese zersplissene Kegelpyramide bildet übrigens keinen Kreis, sondern ein Dreieck, dessen Fuß die Maas, dessen rechten und linken Schenkel der Bach von Bazeilles und der Bach von Illy bilden. Illy ist die Spitze und der Schlüsselpunkt der Stellung. Gegen ihn würden die Angriffslinien des Feindes radienweise vorgehen."

„Kurz und gut, mein General," resümirte ich theils befriedigt, theils tief erschrocken, „Sie theilen meine Ansicht über die miserable Wahl der Stellung?"

„Ja freilich. Der Plan des Feindes hätte uns eigens in diesen Kessel hineinjagen müssen. Und gerade hier schlägt Mac Mahon sein Lager auf, läßt abkochen und macht eine 24stündige Ruhepause."

„Aber das ist ja rein toll!" fuhr Wimpffen auf. „Was wollen Sie? Die Armee war noch heut früh in einer Verfassung, daß ein weiterer Rückzug sie total demoralisirt hätte. Sie wissen, unser Soldat versteht darunter **Flucht**. Wir mußten das Heer aufs neue ordnen und sind wenigstens über die Panik hinweggekommen. Falls es zur Schlacht kommt, sind wir ausgeruht und in animirter Stimmung."

„Aber die Ansichten Ew. Excellenz gehen doch dahin," warf ich ungeduldig ein, „daß eine Schlacht in diesem Terrain klägliche Folgen für uns haben könnte?"

„Ich kann es nicht läugnen," gab Ducrot zu, „aber wer wird gleich ans Schlimmste denken? Mein Trost ist, daß wir uns so wie so morgen Früh in vollem Marsch nach Mezières befinden."

„Nach Mezières? Da kommt mir ein curioser Einfall," fuhr Wimpffen dazwischen. „Man spricht ewig von Abmarsch nach Westen und Osten, warum nicht nach Norden oder Nordosten? Wir kamen über Rethel und fanden die ganze Strecke noch unbesetzt."

Ducrot sah ihn einen Moment neugierig an, als wolle er sagen: diese Frage verräth doch noch eine gewisse Intelligenz! Dann bemerkte er ernsthaft: „Sie überraschen mich, General. Dies Aufgeben aller Chancen hätte ich am wenigsten von Ihnen erwartet. Das heißt absoluter Rückzug nach Paris und verzichten auf jede Communication mit Bazaine. Außerdem berechnen Sie unsere inneren Verhältnisse hinter den Coulissen. Wir haben peremptorischen Befehl von der Oberleitung in Paris, Metz nicht sich selbst zu überlassen. Die Canaille dort wird schwierig, das Schreibervolk schreibt uns Bedingungen vor."

„Hol der Teufel die Federfuchser!" schrie Wimpffen wüthend. — — „Ja, aber sie sind eben da, man muß mit den gegebenen Verhältnissen rechnen. Obendrein ist, wie ich schon zu versichern die Ehre hatte, der Geist der Armee ein so übler, daß überhaupt ein direkter Rückzug nur im äußersten Nothfall erfolgen kann."

„Und Sie glauben wirklich, ich hätte im Ernst einen so ungeheuerlichen abominablen Vorschlag aufs Tapet gebracht?" rief Wimpffen wegwerfend aus. „Einen bedrängten Kameraden im Stich lassen! In welch ein Frankreich bin ich zurückgekehrt!"

„Zu guterletzt ist noch sehr die Frage, ob es uns was nützen würde!" fiel ich hastig ein, um einer scharfen Entgegnung Ducrots zuvorzukommen. „Der Feind steht offenbar im Halbkreis von Montmedy bis nach der Maaskrümmung zwischen Rethel und Sedan. Im Fall wir also so plötzlich nach Norden marschiren, schiebt er sich einfach an unserer Seite hin fort, während sein rechter Flügel uns durch Sedan nachrückt. Vielleicht kämen wir bald wieder in eine ähnliche Lage oder würden günstigstenfalls über die belgische Grenze geworfen."

„Günstigstenfalls!?" Wimpfen schien an eine jähe Störung der Weltordnung zu denken. „Ein prächtiger Corpsgeist unter den Herrn Offizieren! Mit solchen erbaulichen Prinzipien haben wirs freilich so herrlich weit gebracht."

„Ganz recht, Colonel!" ging Ducrot sinnend, ohne den Andern zu beachten, auf meinen Einwurf ein. „Und mit dem Mezières ist das auch eine eigene Sache. Wer weiß, ob wir nicht morgen Mittag die ganze Breite der Marschroute abgesperrt fänden. Und wenn wir auf Vrigne aux bois oder Doncherh auswichen, geriethen wir am Ende mitten in den Feind."

„Haha! Hier haben wir also den Club der Geisterseher!" lachte mein Chef verächtlich. „Feinde überall! Bedenken Sie aber doch, daß der Feind zu so kolossalen Umgehungen uns doppelt überlegene Streitkräfte entfalten müßte."

„Da ist doch noch ein Körnchen gesunder Verstand, eine gewisse Sachkenntniß!" las ich wieder in Ducrots Zügen. „Und warum nicht?" sagte er laut. „Die rührende Bravade Leboeufs: „Wir sind überbereit!" hat uns mit doppelter Uebermacht des Feindes gesegnet. Im Vertrauen gesagt, mir hat sich später die Vermuthung aufgedrängt, daß wir schon bei Wörth theils durch zu früh=

zeitigen Angriff des Feindes, theils durch Marschverzögerungen nur mit Mühe einer Umzingelung entronnen sind. Herr Gott, wenn ich noch daran denke, wie unser werther Marschall beim Diner im Schloß Dürkheim mit mir anstieß, als das Vorgehen des Feindes gemeldet wurde: „Nun habe ich euch, ihr Herren Preußen!"

„Das könnte freilich zu unangenehmen Schlüssen führen!" lächelte Wimpffen mich an. „Dem Colonel ist ja schon heute der befriedigte Ausdruck dieses Herrn auf= gefallen."

„So? Ein schlechtes Omen! Ich fürchte wirklich, er hat wieder ein strategisches Meisterstück vollbracht. Und bringt ihn der Feind morgen aus dem Konzept, so ver= liert er den Kopf. Wir können uns in diesem Falle auf eine tüchtige Niederlage gefaßt machen."

„Niederlage?" wiederholte ich gedehnt. „Sollten Ihre Ausführungen, mein General, nicht noch andere schlimmere Vermuthungen zulassen?" Mein Wimpffen sah mich stier an, Ducrot stand rasch auf.

„Soll ich Ihnen einen guten Rath geben, Marquis? Behalten Sie denselben für sich! Wir Beide verstehen uns schon?" — — — — —

Als wir heimwärts ritten, blieb mein Chef sehr ein= silbig. Beide Feldherrn hatten sich gemessen und nach schon vorgefaßter Antipathie gegenseitig unausstehlich ge= funden. Nicht ohne Grund. Beide konnten eitle Menschen nicht in den Tod ausstehen! Einbildung aber, wenn man ihr oft mit Zurücksetzung begegnet ist, stößt überall auf vermeinte Beleidigungen, über die sich der wahre Stolz mit kaltem Lächeln erhaben fühlt.

„Es ist doch eine auffallende Thatsache", bemerkte mein Chef wohlwollend mit der beschaulichen Selbsterkenntniß eines Sokrates, „daß das wahre Talent immer bescheiden ist!" — Ich wagte einige freundschaftliche Zweifel, fügte mich aber, durch nachdrückliche Beweise überzeugt, mit schwerem Herzen in dies nur zu unerbittliche Dogma.

Als wir im **vieux camp** beim Zeltlager unseres (5.) Corps angelangt waren, ergab sich, daß Failly mit dem komfortabeln Zelt des Corpsgenerals in aller Gemühtsruhe zu seinem Kameraden Douay nach dem linken Flügel durchgebrannt war. Als die verlegenen Divisionäre daher dem neuen Corpsgeneral ihr eigenes Zelt anbieten wollten, versicherte dieser, er sei überhaupt gewohnt, mit jedem Gemeinen das harte Bett auf nackter Erde zu theilen. Der gute Wimpffen hatte wirklich noch so alterthümliche Anschauungen! Ich mußte mich natürlich ebenfalls wohl oder übel in dies buchstäblich harte Loos fügen und nachdem wir Beide den Sattel als Kopfkissen und den Reitmantel als Matratze improvisirt hatten, schickten wir uns an, mit stoischer Philosophie die Beine wörtlich nach der Decke zu strecken. Ich erbat mir noch vorher Instruktionen und erhielt den Auftrag, mit unumschränkter Vollmacht in gegebenen Fällen die Vorposten revidiren zu dürfen. — „So!" gähnte Wimpffen. „Nun beten Sie noch einen kleinen Abendsegen! Ach ich vergaß — Sie sind ja auch Voltairianer. — All right — good night!" Hochbefriedigt von diesen seltenen Brocken seiner fundamentalen

Sprachkenntniß, drehte sich der alte Haudegen aufs linke Ohr und war in kurzer Zeit entschlummert.

Auch ich versuchte dies. Umsonst. Mein Haupt war fieberisch, jeder Puls schlug krampfhaft. Ich warf mich hin und her und fand keine Ruhe. Schloß ich das Auge, sah ich quälende Bilder. Der Sattel schien mir zu hart, die Decke zu fest umgeschnallt. Bald richtete ich mich auf und starrte umher, vielleicht der einzig Wachende, wo Hunderttausend ihre Mühen vergaßen. Meine fiebernde Stirn sank schwer auf meine Brust und meine zitternden Finger fuhren gedankenlos in seltsam mechanischem Takt darüber hin, wie über eine Guitarre, eh' man den Saiten Akkorde entlockt. Kein Halm regte sich — mein Roß wieherte leise im Traum — ein monotones Summen, wie wenn der Wind durch welke Blätter raschelt oder wie das eintönige Abendzirpen der Grillen, erfüllte die Lagerreihen. Von den Licht-Inseln im Aether flogen Strahlenpfeile in den Fluß hinab. Eine violette Wolke hing um den Mond, wie ein farbiges Bild, ins Unbestimmte verschwimmend, das Gedächtniß bedrückt. Dies Schweigen und Dunkel nährt seltsame Gefühle — im Mondlicht eilt ja das dürstende Reh zur Tränke, die Nachtigallen schlagen in der Nacht und die Sterne sind die Poesie des Himmels. Das Kreuz des Südens erscheint nicht am hellen Tage über dem Joch der Kordilleren, sondern dann schwebt droben ein schwarzer Punkt, der sich blitzschnell vergrößert und als Kondor herabstößt, wie die Schwermuth aus geringfügigem Anlaß die Seele überrascht. Die Verzweiflung gehört dem Tage, dem Glauben die Nacht. — — — — —

Ich zuckte zusammen — ein gellender scharfer Pfiff drang von dem rothen Ziegelsteingebäude des Bahnhofs herüber. Funken sprühten — ein rothes Licht zuckte auf — die Räder schnauften — eine Lokomotive kam die Dammschienen heruntergerollt. Aus den Coupéfenstern guckten, auf den Trittbrettern hingen Rothhosen. Der Zug führte Verstärkungen nach uns heraus. — Wie ein plötzliches Wort uns vergessene Träume vor die Augen führen kann, so berührte dieser Laut in mir den Nerv der Erinnerung. Wie oft hat uns dies verkörperte Symbol des Jahrhunderts auf ehernen Sturmesflügeln über Berg und Thal fortgerissen! Wie oft dachte ich, in eine Ecke zurückgelehnt, während das Dampfroß mit rothglühendem Laternenauge die Finsterniß durchschnitt: Wer bürgt uns, daß im nächsten Moment nicht die Nothpfiffe kreischen und wir in jähem Zusammenstoß vergehen? Denn was ist das Individuum? Ein Nichts. — Der Präsident Monroe antwortete, als man ihn bat, die Holzschienen des amerikanischen Systems durch eiserne zu ersetzen: „Haben wir eiserne, so nehmen die Unglücksfälle ab, aber dem Staat erwächst Verlust. Haben wir hölzerne, so kommen jährlich so und so viel Menschen um, aber der Staat prosperirt. Lassen wir's also beim Alten!" — Das ist auch die Doktrin der Weltgeschichte. Und so rauscht der Donnerwagen des Schicksals denn mit uns weiter — nur der verantwortliche Führer der Maschine haftet für unsere Sicherheit. —

Ich raffte mich plötzlich zusammen, untersuchte den Pflock, an dem mein Roß angehalftert war, versicherte mich, daß Alles in Richtigkeit und schritt dann langsam thalab auf die Stadt zu, deren Festungswerke drohend in der Dunkelheit emporragten. Drinnen herrschte wüster Lärm. Noch waren alle Café's überfüllt und das Toben mancher Orgie drang im Wind zu mir herüber. Ja, singen wir dem Bachus und der Venus und der heiligen Narrheit unsre Hymnen! Schlürft Judasküsse, die nach Absynth schmecken — das ist unser Abendmahl! Christus hat bei dem seinen kaum minderen Schauder empfunden. — — Und morgen in der Schlacht? Nun, da schlagt das Hirngefäß in Scherben, daß der rothe Wein des Lebens zur Ehre des Schöpfers umherspritzt! — —

Ich wanderte rückwärts, die steilen Abhänge des Plateaus entlang, bis ich in die Waldungen zu seinem Fuße, den sogenannten Bois de Garenne, gekommen war, wo wir vor wenigen Stunden mit Ducrot gelagert hatten. Alles schlief. Ich passirte die Vorpostenlinien entlang und vertiefte mich in das Dickicht. Und während ich die Schatten durchstrich und unwillkührlich den Thau von den Aesten streifte, hat eine geheimnißvolle Traurigkeit meine Seele umdüstert.

Sitzt er noch immer im Wald von Breziliane, der mystische Seher Merlin? Sein Bart ist Moos, seine Füße umwinden Sommerfäden und die zerstreuten Glieder der Tafelrunde, die hilfeheischend seinen Namen beschwören — er hört sie nicht. Eitle Liebeslust hält ihn verzaubert, dem üppigen Außenleben hat sich die Seele verkauft.

O, wann wird das Artusschwert in die Fluth der Vergangenheit versinken? Wann werden die getrennten Glieder der Völkertafelrunde vereinigt als Templeisen zum

Feenschloß Avillion, zu den Inseln der Seeligen, pilgern? Wann wird Merlin den heiligen Gral des ewigen Friedens der Welt enträthseln? — —

Mir war, als ob die Lebensquellen in dieser ahnungsvollen Finsterniß hörbar rieselten. Fern in der sumpfigen Niederung glaubte ich das Röhren brünstiger Hirsche zu vernehmen. Der Wald, in sprachlose Wonnen verloren, schien von der Fülle des Schöpferdranges überzuströmen, dessen Symbol das Pflanzenräthsel ist. Die Abendmesse der Vögel war verklungen. Nur im Traum trällerten sie noch von Wanderzügen. Morgen Nacht wird vielleicht das Krächzen der Raben ihre Stimmchen übertönen, wenn die knarrenden Schnäbel auf die Eisenhelme der Leichname pochen. —

Auf den thaubeschwerten Zweigen hüpfte ein Eichhorn, um die Einsamkeit noch deutlicher zu machen. Ein überschwellender Wollustseufzer durchwogte die Luft, wie der Geister-Eremit von Ceylon mit plötzlicher Wehmuth die Haine schwängert. Das Gras lag auf den Hügeln gemäht. Ich sog den Heuduft ein. Ob der Duft des Lebens, die Seele, denn wirklich bestehen bleibt, wenn die Sense des Todes klirrt? Oder muß dies Leben ganz verdorren? Wo liegt die Urwurzel des Werdens? — Die Bäume plappern altklug durcheinander, die Spechte hämmern dummgeschäftig, der Kukuk reizt und die Störche klappern. Auch die Wolken droben in ihrem rastlosen Vorübersegeln sind ein Conterfei dieser Erde: Wiederspieglung gespiegelter Dinge! Das liebe Vieh hält seinen Grasfleck für das All — aber je weiter der Blick, desto enger schrumpft das

All ins Nichts zusammen. Nur da drüben der Kirch=
thurm von Sedan, der hier über jeder Lichtung auftaucht,
so tief man sich im Walde verirren mag — der ist reell!
Ueber allen Irrgängen des Gedankens taucht der Schmerz
der Wirklichkeit wieder empor und der Friedhof liegt hinter
der Kirche. — Ach, die Feenmelodie, die uns im Ohre
klingt, bald in vollen Chören, bald ins ferne Nichts ver=
schwimmend, ist eine Sirenenlockung.

Als ich aus dem Walde hervortrat, schlug die Uhr
der Kathedrale die zwölfte Stunde, und alle Nachbarglocken
in der Runde fielen ein. Da mußte ich an den Mönch
gedenken, der die Glocke seines Klosters wieder vernahm,
nachdem er hundert Jahre in der Waldeinsamkeit verbracht,
die ihm, dem Lied eines Wundervogels lauschend, wie eine
Stunde verstrichen waren. Oft schrumpft die Ewigkeit in
eine Stunde ein und Raum und Zeit schwinden ins
Wesenlose für den, der im Asyl des Gedankens vor dem
Unendlichen seine Kniee beugt.

———

Als ich an den Ausgangspunkt zurückkehrte, fand ich
mein Pferd und meinen greisen Führer in friedlichem
Schlummer. Die Beneidenswerthen — das Thier und
der Idealist! Zusammenschauernd streckte ich mich neben sie
und war bald aus Ermüdung in einen unruhigen
Schlummer versunken. Plötzlich — durchfröstelt vom
Morgenwind — erwachte ich mit einem unbeschreiblichen
Gefühl. Grenzenloser Schmerz, grenzenlose Liebe — die
ihr ja eins seid — wie soll ich euch schildern? Liebes=

schmerz — aber für was? Für etwas Vages, Unbestimmtes, unendlich Großes.

Der Kainschmerz des Weltwehs kreuzigte sich in mir. Da durchzuckte mich plötzlich ein Lichtstrahl, ein Blitz durch alle Nebel hindurch, und die Schleier meines Innern rissen entzwei. Ein Orakel hatte zu mir gesprochen. Denn der alte Held an meiner Seite warf sich unruhig im Schlafe hin und her und abgerissene Sätze quollen hörbar über seine Lippen. Da hörte ich ihn deutlich murmeln, während ein eigenthümlich freundliches Lächeln über seine starren Züge huschte: „Ma pauvre patrie!" — — Ich sprang empor — ich wußte, was ich liebte, wofür ich leiden sollte. Alle meine Pulse schlugen mit verdoppelter Kraft.

———

Bewegt sich dort der Nebel? .... Da es mit meiner Ruhe ja doch vorbei war, weckte ich mein dem Morgen entgegenschauerndes Roß und machte mich auf, um meine Pflicht als Vorpostenkontroleur zu erfüllen.

Kaum war ich, mehrfach von Posten angerufen, durch bewaldete Thalgründe gegen Bazeilles vorgeritten, als ich im Gegensatz zu der absoluten Stille auf unserem Flügel am jenseitigen Ufer der Maas eine lebhafte Bewegung und unterdrückten Lärm zu hören glaubte. Unverzüglich sprengte ich, die dunkeln Häusermassen von Bazeilles entlang verfolgend, in der Richtung davon, in welcher ich durch die stockfinsteren Baummassen hindurch den silbernen

Flußgürtel aufblitzen sah. Ich mochte eine geraume Weile geritten sein, als wieder ein „Qui vive!", das erste Lebenszeichen vorhandener Vorposten, an mein Ohr schlug. Ich gab die Parole. Ein schwacher Feuerschein blitzte auf und ich bemerkte ein Piket Marinesoldaten um eine Lehmhütte gruppirt. Sie spielten Karten.

„Aufgestanden!" herrschte ich sie an. Da bei dem unstäten Licht die Epauletten deutlich erkennbar wurden, so gehorchten sie widerwillig genug. „Heißt das Vorpostendienst?"

„Um Verzeihung, mein Colonel, wir stehen ja nicht vor dem Feind!" erlaubte sich ein grauhaariger Sergeant zur Entschuldigung vorzubringen.

„So? Nicht? Wer sagt das?"

„Da ist die Maas ohne Brücke. Wird der Feind bei Nacht die Passage versuchen?"

„Dummes Zeug! — Wo ist die nächste Patrouille?"

„Streift da hinten an der Meierei."

„Wo der wachthabende Offizier?"

„Dort drüben am Weiher. Hauptvedette."

„Gut. Adieu." Im selben Moment mußte mich und mein Pferd die Dunkelheit vor den Augen der Leute verschlungen haben, denn ich hörte ihre verwunderten Ausrufe undeutlich weit hinter mir, während ich plein carrière mit Gefahr, den Hals zu brechen, durch den wogenden Nebel auf den Strom zuritt. Es mochten an zehn Minuten verflossen sein, als ich das Anschlagen von Gewehren und ein unterdrücktes „Halte-là!" vernahm. Ich parirte sofort und gab die Parole. Mich legitimirend, übernahm ich sodann die Führung der Patrouille und erklomm selbst, während ich die Meldung auffälligen Lärmens am Stromufer entgegennahm, eine nahe Anhöhe. Es war plötzlich heller geworden — die Morgendämmerung lichtete etwas den dichten Herbstnebel. Oben angekommen, stolperte mein Pferd. Das laute Klirren meiner Säbelscheide beim Fall und mein unwillkürlicher Fluch fanden ein unerwartetes Echo. Ich schien drunten gestört zu haben! Sei es nun, daß man argwöhnte, ein französischer Hinterhalt mache sich überraschend bemerkbar, sei es aus unbewußter Ungeschicklichkeit, sei es, um wirklich die Maske abzuwerfen — genug, die feindlichen Pioniere, welche unten Pontonbrücken gelegt hatten, stießen ein schwaches Hurrah aus. Im selben Moment hatte ich — das Stolpern meines Pferdes war durch mein ahnungsvolles Zusammenzucken beim Anblick der Flußufer verursacht — die Situation überschaut. Mein Auge, an die Dämmerung gewöhnt, unterschied deutlich die schwarzen Brückenstreifen und die daran beschäftigten, wimmelnden Ameisenhaufen. Aus der Tiefe klangen Laute wie Kommandoworte und Rottentaktschritt herauf und fast damit zusammenfallend wogte eine dicke, schwarze Heersäule über den Fluß und blitzschnell in die diesseitige Ebene hinein. Ohne einen Augenblick zu zögern, feuerte ich meinen Revolver in die Luft, befahl der Patrouille, ein Gleiches zu thun und dirigirte mich querfeldein durch die thautriefenden Wiesen nach dem Bahnhof zu. —

„Wer da?"

„Wo ist der Kommandirende?"

„Wer hat da geschossen?" kreuzten sich die Ausrufe.

„Ich selbst und die Patrouille. Ruhe! Unter die Waffen!" erwiderte ich gelassen, indem ich mit einem heftigen Ruck die Gewehrpyramide auseinander rüttelte.

„Sacre tonnère! Wer heißt Sie hier raisonniren?" wüthete der wachthabende Offizier, der meine Persönlichkeit bei dem verkohlenden Lagerfeuer zu signalisiren suchte.

„Persönlicher Adjutant Sr. Excellenz Wimpffen!" donnerte ich ihn an. „Der Feind geht über die Maas. Die Vorposten allarmiren nicht rechtzeitig. Und nun rasch! Ich mache Sie verantwortlich für diese Nachlässigkeiten. Ihre Sorglosigkeit kann uns theuer zu stehen kommen. Trompeter, zum Sammeln blasen!"

Der niedergeschmetterte Lieutenant stand leichenblaß, traf aber dann mit Umsicht die nöthigen Maßregeln, worauf ich ohne Gruß meine Rekognoszirung fortsetzte. Unablässig versuchte ich um und hinter Bazeille Patrouillen zu sammeln, stieß jedoch nur auf wenige, die durch das Schießen angelockt waren.

„Wo ist das Quartier Lebruns?"

„Hinter Balan."

Dies Dorf bildete die Position unseres zweiten Treffens zwischen Bazeille und der Festung.

Als ich so auf Balan zueilte, in Intervallen „der Feind!" ausrufend, sobald ich an einem Lagerfeuer vorüberkam, an dem ich Wachende bemerkte, erinnerte ich mich jener Anekdote vom Ueberfall bei Kloster Kamp im siebenjährigen Kriege, wo der Kapitän d'Assac vom Regiment Auvergne unter den Bajonneten der Feinde, mit augenblicklichem Tode bedroht, das unsterbliche „Zu mir, Auvergne!

Der Feind ist da!" geknirscht hatte, und ich gelobte mir, nicht minder standhaft meine Pflicht zu erfüllen.

———

Nachdem es mir gelungen war, das Logis des Corpsgenerals zu finden, machte es keine geringe Mühe, seines erlauchten Antlitzes gewürdigt zu werden. Ich schob die schnarchende Ordonnanz bei Seite und erzwang mir unter fortwährendem Wiederholen: „Adjutant von Wimpffen — Der Feind!" den Eintritt in Lebrun's Schlafzimmer.

„Bringen da einen guten Passe-partout mit!" fuhr mir der halbwache Mann mürrisch in die Parade. „Wimpffen und kein Ende!"

„Persönliche Meldung von höchster Wichtigkeit...."

„Wohl meine Entlassungsordre? Soll das Corps an Herrn Wimpffen abgeben, nicht?"

„Ich muß Ew. Excellenz erinnern, daß ja das fünfte Corps demselben bereits unterstellt ist," warf ich respektvoll ein.

„J, das thut nichts! Ist doch das vierzehnte, das noch gar nicht marschfertig ist, meinem Freund Trochu bereits im Voraus von Palikao genommen, um es, im Falle Trochu unbequem würde, dito an Monsieur Wimpffen zu übertragen! — Wozu gibt's überhaupt verschiedene Corps?! Ein kombinirtes Corps Wimpffen — das ist das Wahre." Der alte Kriegsmann hatte sich durch seine Tirade ordentlich in gute Laune geredet.

„Herr General!" fuhr ich auf. Meine Haltung schien ihm zu imponiren.

„He, was soll's? — Sie heißen? — Ah, so so, Marquis — nun, was bringen Sie mir?"

„Der Feind!" stieß ich heftig hervor. „Indem wir hier verhandeln, verlieren wir nur Zeit."

„Feind? Wo? Wie?"

„Ueber die Maas gegangen. Rückt auf Bazeilles. Muß schon drin sein."

„Unsinn! Die Vorposten würden uns benachrichtigt haben."

„Vorposten — ja wohl! Aber keine Vorsicht. Der Feind schleicht sich ungesehen heran. Ist doch auch der Nebel unerhört! Da — sehen Sie selbst!" Ich riß das Fenster auf.

„Pest!" Der von rheumatischen Leiden geplagte alte Soldat hustete und schüttelte sich. „Uebrigens —"

In diesem Moment wurden jedoch meine Versicherungen und Erörterungen überflüssig gemacht. Anfänglich schwaches, dann immer heftiger werdendes Gewehrknattern schnitt Lebrun das Wort im Munde ab — und auf meine stumme, aber desto vielsagendere Handbewegung hatte er sich blitzschnell den Rock zugeknöpft und den Säbel umgeschnallt. Fast gleichzeitig verbeugte ich mich schweigend, schwang mich in den Sattel und schlug den Rückweg nach Bazeilles ein. Mehrere Cavallerietrompeter und Infanteriehornisten, die, nach ihren Truppentheilen suchend, heftig Reveille bliesen, begegneten mir an der Lisière: „Halt, steht! Rechtsum! — Ihr da, klammert euch an die Steigbügel der Berittenen! Und nun vorwärts marsch auf Bazeilles! Blast, daß euch die Lungen bersten! — Ordre

vom Oberkommando! Schnell! Schnell!...." — Fort=
während stießen aufgescheuchte Infanterieabtheilungen zu uns.
„Hier angeschlossen!" kommandirte ich mit weithin schallen=
der Stimme. „Ordre vom Oberkommando! Rangirt euch!
Gewehr zur Attake!" Längst waren die ersten Büchsen=
kugeln über uns weggepfiffen — jetzt strömten uns bereits
Flüchtige von der nördlichen Lisiere entgegen. „Halt!
Ihr da werft euch in die Hecken! Schnellfeuer! — Wer
führt hier?"

Ein Offizier zu Fuß salutirte mir.

„Wie steht's?"

„Schlecht. Wir sind buchstäblich aus den Betten
geklopft. Der Feind wird durch den Nebel begünstigt;
er hat sich unbemerkt bis ins Innere vorgeschlichen. Unsere
Barrikaden sind umgangen — die westliche und nördliche
Lisiere sind in Feindeshand. Dort das wichtige Eckhaus —"
Er drehte sich um sich selbst. Eine Flinte aus dem obersten
Stockwerk des Hauses, auf das er gewiesen hatte, streckte
ihn an meiner Seite nieder.

„Alle Hagel! Da fluthet's auch zurück!" Eine ver=
sprengte Masse der Unseren kam vom Bahnhof her zurück=
geströmt. Ich warf mich ihnen entgegen und befahl ein
Feuergefecht — wie gewöhnlich nur pro forma, da selbst
unsere Rekruten als geborene Soldaten diese Dinge instinkt=
mäßig besser, als auf Kommando, betreiben.

„Aha, Herr Marinelieutenant vom vierten — da seid
Ihr ja wieder!" begrüßte ich den Vorpostenführer von
vorhin. „Eurer verfluchten Lobderei ist ein Theil dieses
hübschen Schlachtanfangs zuzuschreiben."

Der Mann klapperte mit den Zähnen vor Grimm und Scham und seine Augen rollten unheimlich. „Sie werden den Angriff kommandiren, Colonel?" knirschte er dumpf mit unterdrückter Erregung, indem er in straffer Haltung, die Hand an der Mütze, auf mich zutrat.

„Warten Sie!". Das rasende Feuern im Dorf überzeugte mich, daß die überfallene Besatzung sich in den Häusern selbst erfolgreich wehrte. „En avant!...." Ich bemerkte nur noch, wie der getadelte Offizier, um die Scharte auszuwetzen, sich zu verdoppeln schien — auch ich selbst flog die Reihen auf und nieder — in einem allgemeinen tumultuarischen Anlauf wurde Alles, was vom Feind auf der Dorfstraße stand, bis fast an den Eingang zurückgeworfen.

Hier entspann sich ein heftiges Gefecht. Es war mir jedoch durch eine Schwenkung gelungen, die zu weit vorgedrungenen Abtheilungen des Feindes abzuschneiden und ich ließ unverzüglich die nordwestlichen Eckhäuser, in die er sich geworfen hatte, stürmen.

Mittlerweile waren verschiedene Regimentskommandeure eingetroffen. Jeder ließ mich aber gewähren, ohne meine Führung bestreiten zu wollen, da man mir persönliche Vollmacht vom Oberkommando zuschrieb. Man theilte mir mit, daß der Bahnhof und Chateau Doribal genommen sei, daß aber das nördlich gelegene Chateau Monvillers, welches mit Hilfe seiner alten Parkbäume und Gartenmauern vorzüglich zur Vertheidigung geeignet war, und die westlich gelegene Villa Beurmann, die so wie so die Corpsreserven im Rücken hatte, vom Feinde unter beträcht=

lichen Verlusten vergeblich bestürmt werde. Indessen wurde das Vorgehen feindlicher Streitkräfte längs des Bazeilles=Baches gemeldet. Jetzt aber rückten von allen Seiten unsere Bataillone heran und das Massengefecht begann auf der ganzen Linie. Geschütz hatte der Feind nicht vorziehen können und unsere Artillerie fing erst an, sich zusammenzu=ziehen. —

Dem Ausgang des Dorfes wieder zusprengend, ver=nahm ich leidenschaftliches Triumphgeschrei und übersah mit einem Blick, daß die so tollkühn und voreilig vom Feind besetzten Eckhäuser der Nord=Lisiere gesäubert waren und die Besatzung eben das Gewehr gestreckt hatte.

„Habe ich's besser gemacht?" schlug eine halb erstickte Stimme an mein Ohr: Ein Sterbender wurde vorbei=getragen — der saumselige Vorpostenkommandant hatte den Sturm geleitet und den Erfolg mit seinem Leben bezahlt.

„Endlich einmal!" dachte ich, nachdem ich vor dem Sterbenden achtungsvoll salutirt hatte, indem ich die wild=trotzigen Gestalten der Gefangenen — es waren etwa zwei=hundert Mann, darunter ein Major — musterte. Ich erkannte Bayern in ihnen. Denn der dicke Nebel wurde zusehends durch das rastlose Feuern gelichtet — freilich um so dicker wogte der Pulverdampf. Doch sah ich deut=lich von einer Anhöhe herab, wie hellblaue Kolonnen auf unsere Flanke losgingen, und unablässig rückten Ver=stärkungen nach.

„Man muß den Nebel benutzen — dort in den Qualm hinein — ohne Laut — und dann deployirt!"

Das zweiundzwanzigste navarresische Grenzregiment rückte eben, noch unaufgelöst, in die Feuerlinie. Bald darauf hörten wir unter donnerndem „Vive l'Empéreur!" den Zusammenstoß mit dem überraschten Feind, der alsbald weit zurückgeworfen wurde. Ich wartete den weiteren Verlauf nicht ab und setzte mich an die Spitze der Gefangeneneskorte auf Sedan zu. Mittlerweile entwickelten sich unsere Batterien energisch zwischen Balan und Bois de Chevalier, während allerdings schon kurz vorher vom andern Ufer der Maas aus die bayerische Artillerie Bazeilles mit Granaten bewarf.

Grade als wir auf der Höhe der Chaussee anlangten, bemerkte ich sogar an den weißen Wölkchen, die über den Nebelmassen im Thalgrund südlich von Lamoncelle schwebten, daß auch von dort her feindliche Artillerie mitwirkte.

„Das ist Ulrich von Hutten," brummte Einer meiner Gefangenen vor sich hin. Ich fing das Wort auf und seltsame Gedanken gingen mir durch den Kopf. Ulrich von Hutten! Das ist also das ganze alte Deutschland mit seinen berühmten Ritternamen und seiner mittelalterlichen Romantik, das gegen unsere Legionen anrückt.

„Sieh da, Marquis!" weckte mich eine bekannte Stimme aus meinem Brüten. Kein Geringerer als Ducrot mit seinem Stabe, in dem ich sofort das finstere Gesicht des entlassenen Failly bemerkte, sauste mir entgegen. „Da haben wir ja die Bescheerung! Unsere kühnsten Erwartungen übertroffen! Um Sieben soll allarmirt werden, um fünf werden wir zuvorkommend aus dem Bette geklopft." Welche zarte Aufmerksamkeit! — Ei, allerliebst! Bringen uns da ja seltene Vögel."

„Nur allzu seltene, mein General," warf ich hin, indem ich mit einem gewissen Stolz die trotzigen Gestalten meiner Schutzbefohlenen musterte.

„Barbaren!" murrte Ducrot zwischen den Zähnen, „und mit solcher Canaille muß man sich herumschlagen! — Wie diese Baiern zugreifen! Haben uns da überhaupt höllisch geirrt: Süddeutschland gut französisch — bah! Könnte das vornehme Lorettengesindel, das den Spionagedienst für Se. Majestät an den überrheinischen Höfen unterhielt, doch nur ein Stündchen hier ins Feuer gejagt werden, um ihnen ihren „kleinen Krieg" ad oculos zu demonstriren."

„Ich verbitte mir Anzüglichkeiten und diesen eigenthümlichen Ton!" fuhr Failly auf: Er mußte wohl eine Anspielung auf sein eigenes Wirken in dem Ausfall des Andern vermuthen. „Nun, 's geht gut, wie?" wandte er sich ablenkend an mich.

„So so, Excellenz. — Wie bei Beaumont," fügte ich halblaut hinzu, ohne mich um den bitterbösen Blick des Beleidigten zu kümmern. Eben kam der alte Lebrun mit seinen Divisionnären in vollem Jagen von Balan herab.

„Dank Ihnen, Colonel, das war der erste Hahnenschrei!" rief er mir munter aus der Ferne zu, indem er mir wohlwollend mit der Hand zuwinkte. „Na, wir avanciren mit Macht. Sieh Einer," brummte er im Vorüberjagen, indem er einen Streifblick auf meinen bairischen Major warf „wie siegesgewiß die Kerle aussehn!"

„Wahrhaftig, fällt mir auch auf!" lächelte Ducrot, indem er mich eigenthümlich ansah. Ich fing jedoch im selben Moment unvermuthet einen besorgten Blick des gefangenen Offiziers auf, den derselbe nach der Richtung Lamoncelle=Daigny warf, und durchschaute sofort den Grund seiner Besorgniß.

Der feindliche rechte Flügel stand hier frei in der Luft, zugleich unserm Centrum (Ducrot) ausgesetzt; oder vielmehr, zwischen den Baiern und starken feindlichen Corps, die auf Daigny und Givonne zurückten, befand sich eine beträchtliche Lücke. Hierher mußten sich unsre Hauptangriffe richten und bereits war der Beginn dazu gemacht.

Wir waren an den nordwestlichen Rand des Plateaus bis Daigny vorgeritten.

„Und nun frage ich Sie nur, Colonel, was soll eigentlich daraus werden?" raunte mir Ducrot hastig zu; „erinnern Sie sich an gestern Abend? Unsre Befürchtungen werden ja noch verstärkt. Der Abmarsch fängt also an ein frommer Wunsch zu werden."

„Noch nicht, mein General. Machen Sie dem Mar=schall die dringendsten Vorstellungen! Das Gefecht muß abgebrochen oder vielmehr hingehalten werden."

„Und statt dessen verwickelt sich Lebrun mehr und mehr!" knurrte Ducrot. „Ja, das ist Alles nicht so ein=fach, mon cher. Erstens liegt der Herr Marschall momentan wohl noch in den Federn oder präparirt eine sorgfältige Schlacht=Toilette. Zweitens habe ich nur schwache Autorität und falls ich gar selbstständig etwas unternähme, würde mir Ihr verehrter Chef gehörig dazwischenpfuschen —

pardon, ich wollte sagen, meine Fehler berichtigen. Er hat ja die Vollmacht! Ah bah, zieren Sie sich nicht, mein Bester — daß Er der designirte Nachfolger des Marschalls ist, erräth ja ein Kind. Ich habe also überhaupt gar keine Aussicht auf irgend eine entscheidende Führung. Und wie mein hochgeschätzter neuer Kollege über einen Rückzug denkt, das haben wir ja zu Genüge erfahren. Zuguterletzt gilt es hier eben abwarten. Es ist erst $^1/_2$ 6 Uhr. Vielleicht kommt der Marschall zur Einsicht der Sachlage und befiehlt die sofortige Retirade. Bis dahin — vive la bagatelle!"

.... „Sagen Sie doch, Ducrot" unterbrach hier Failly unsre heimliche Unterredung, „bei Ihnen rückt man ja schon allenthalben in die Position ein. Und Douay läßt doch noch nicht mal unter die Waffen treten." In der That schien im Norden kaum das Zeltlager abgebrochen zu sein. „Aber natürlich, Wimpffen hat da in Sedan mein Fünftes bereits allarmirt und die Reserve in der besten Ruhe gestört. Bah, was gehts mich an?"

„Und ich fürchte doch, Douay bekommt nur zu viel zu thun," bemerkte der Befehlshaber des 1. Corps halblaut. Failly lachte hell auf.

„Tant de bruit pour une omelette? Wo steckt denn eigentlich der Feind? Alles leer. Nur dort aufs Centrum zu bewegen sich beträchtliche Streitkräfte. Und da links von den Baiern sind ziemliche Reserven sichtbar. — Aber glauben Sie denn überhaupt wirklich an eine Schlacht?"

„Glauben?! Sehen, hören, fühlen! Halten Excellenz

das etwa für ein forcirtes Recognoscirungsgefecht?" Ich wies auf das furchtbare Ringen in Bazeilles hin, das mit jeder Minute heißer zu werden drohte. „Und immer neue Colonnen gehen über die Maas — das wird bitterer Ernst."

„Ah bah, nehmen wir's heiter! Wir haben so günstige Positionen."

„Sagen Sie doch lieber gleich uneinnehmbare," lachte Ducrot, „wie Ihr Freund Frossard, als ihm beim Champagnerfrühstück der Angriff auf die Spicherer Höhen annoncirt wurde. Ces pauvres Prussiens! Sie waren ja auch bei Wörth, Marquis. Versteht sich, Failly, das hätte Ihr Freund Bourbaki auch besser gemacht. Wir kennen das."

Failly knurrte etwas Unverständliches zwischen den Zähnen. Frossard, der gelehrte Militärgouverneur des kaiserlichen Prinzen, und Bourbaki, auch ein bel homme und perfekter Cavalier, waren Beide gleich dem Sieger von Mentana besondere Günstlinge der Kaiserin und von der Hofluft angesteckt, weshalb sie bei den reinen Lager-Generalen als Zielscheibe malitiöser Ironie galten.

„Man hört ja wieder Nichts mehr von Bazaine," suchte er dem Gespräch eine andere Wendung zu geben. „Und doch soll Canrobert das preußische Garde-Corps fast gänzlich niederkartätscht haben."

„Na, der hat ja Uebung von den Boulevards her!" fiel hier eine etwas schnarrende Stimme ein: Mein Chef war unvermerkt den Hügel heraufgeritten und hielt inmitten der Gruppe. „Guten Morgen, meine Herrn. — Uebrigens wird das Garde-Corps uns von seiner Existenz schon noch Zeichen geben. Dieser Mundsiege ist man nun endlich satt. — Na, mein theurer Colonel," wandte er sich freundlich an mich, indem er mir herzhaft auf die Schulter klopfte, „so war's brav. Wenn Sie das croix d'honneur nicht schon hätten, heftete ich Ihnen mein eigenes an. — Wonach starren Sie denn so, mon cher Ducrot?" Dieser hatte nach flüchtigem Gruße sein Fernrohr unverwandt nach der Linie Floing=Illy gerichtet, während Failly nach majestätischer Verbeugung ohne ein Wort weiter zu verlieren sich nach Ducrots Positionen hin entfernt hatte. „Aha, Sie observiren da ce cher Douay. Wundern Sie sich nicht über die plötzliche Ordnung in jenem Tohuwabohu? Ich war mal drüben, um zum Rechten zu sehen. Es herrschte daselbst ein schauderhafte Verwirrung. Nun, ich darf wohl sagen, es gelang mir in kurzer Frist, dies Chaos zu entwirren." Wirklich sah man dort die Brigaden echelonweise in Bataillonsmassen formirt die waldigen Höhen besetzen und lange Tirailleurlinien vorschicken. „Eigentlich nur ordnungshalber. Sonst hat die Geschichte ja dort nichts auf sich. Kein Feind weit und breit zu sehen! — Ich betrachte überhaupt das 7. Korps absolut als Reserve. Was heißt das überhaupt, mein 5." (bei dem Worte „mein" zuckte Ducrot unmerklich die Achseln) als Reserve zu bezeichnen. Hier grade bei Bazeilles und Lamoncelle=Daigny liegt die Entscheidung. Das da oben im Norden ist eitel Spiegelfechterei."

„So, so!" machte Ducrot „möchten der Herr Kamerad nicht da oben die dunkeln Punkte bemerken, die sich da auf St. Menges und Fleigneux zu bewegen?"

„Sie sehen da wieder Gespenster, Herr Kamerad," versetzte Wimpffen mit prahlerischer Zuversicht. „Eine hübsche Wetterwolke! Die wird uns nicht bange machen. Ein wenig Caballerie, um unsre Flanke zu beunruhigen — voilà tout!"

„Ich hoffe zu Gott, daß uns nicht ein Platzregen dort auf den Pelz fallen möge, an den wir lange gedenken werden," erwiederte Ducrot gemessen.

„Gut, gut! Ich wünsche es dem armen Douay in seiner langweiligen Position. Seine Stellung habe ich ihm gründlich erläutert und wird er nun ja wohl als braver Subalternoffizier seine Schuldigkeit thun. Ein guter Mann, Douay — sehr willig, aber — aber wenig befähigt."

„Wer fähig ist, das wird sich bald zeigen," unterbrach Ducrot diese Fanfaronade, offenbar durch den überlegenen Ton des Andern auf's äußerste gereizt, mit scharfer Betonung. „Aber Befähigung hin — Befähigung her! Ich betrachte Illy als unsre Rückzugsstraße und habe dem Marschall meine Ansichten darüber zur Genüge entwickelt. — Wo steckt übrigens Mac Mahon?" Ich mußte unwillkürlich lächeln, wenn ich bedachte, daß der Höchstcommandirende uns erst jetzt einfiel. „Und nun ist's gut! Operiren Sie wie Sie wollen! Ich weiß was ich weiß und weiß was ich will. Möchte das doch Jeder wissen. **Ah sacre!** Das gilt mir!" Eine Granate flog plötzlich von der Richtung Lamoncelle über uns her und ein heftiges Querfeuer, das uns von jener Seite her bestrich, zeigte an, daß ein Angriff auf Ducrots Linien bei Daigny begonnen hatte.

„Wissen Sie was, meine Herrn? Ich denke, Jeder begiebt sich zu seinem diversen Corps — der Tanz geht los!" Damit trabte der General, indem er mit eleganter Verbeugung, wie auf dem Parquet, das Käppi schwenkte, ins Granatfeuer hinein und in den Thalgrund von Lamoncelle hinab.

„Schneidiger Soldat, der Ducrot!" gab mein Chef sein maßgebendes Urtheil ab, „aber subaltern. Keine großen Ideen. Falsche Auffassung. Auch scheint sein sonst nicht unklarer Blick durch vorhergegangene mißliche Erfahrungen getrübt."

„Ja, Wörth steckt ihm in den Gliedern," bemerkte ich mit bitterm Lächeln.

„Meinen Excellenz denn nicht auch, daß unsere Lage —"

„Die glänzendste von der Welt, mein guter Marquis. Es muß nur mit Energie und Kraft vorgegangen werden. Wir werfen sie in die Maas. Lassen sie mich nur combiniren! Ich spare hier die Reserven auf und warte meine Stunde ab. Die Stunde der Ehre, der Gefahr, der Entscheidung wird mich bereit finden. Ich jage sie in die Maas. Ich werde einen Centrum-Durchbruch im Styl des großen Napoleon effektuiren und den Feind sodann in die Maas treiben — wo nicht, zwischen den Spitzen unsrer Bajonnette Spießruthen laufen lassen. — Holla! Da giebts bei Ducrot Unordnung. Was sind das für schwankende Manoeuvres! Ich muß hin und zum Rechten sehen. — Sie selbst werden unterdeß hier die Dorf-Affaire observiren. Vorwärts, vorwärts! Agilität, Thatkraft, Thatkraft, Schnelligkeit! Adieu."

Und damit sprengte der alte Haudegen, abgerissene Bulletin-Reminiscenzen des großen Napoleon vor sich hin schreiend, davon; zwei Offiziere seiner Suite sah ich hintereinander niedergestreckt.

Des langen Schwatzens müde war ich fast zusammenfallend mit diesen Ereignissen die Chaussee nach Bazeilles hinabgejagt, die, vom Feind mit großer Akkuratesse gefegt, schon reichlich mit Todten und Verwundeten bedeckt war. In der Ferne bemerkte ich ein auffallendes Zusammenlaufen und sah mehrere Adjutanten und Ordonnanzen in höchster Eile dorthin sprengen. Ich fragte also einen vieux troupier, der sich am Rand des Chausseegrabens den Arm verband: „Holla, mein Braver! — Wie steht die Schlacht?"

„Gut. Die Hunde halten sich nur noch am äußersten Südrand. Aber wie! Haha, das ist anders wie bei Inkerman."

„Geht dort was Besonderes vor?"

„Besonderes?" Der Alte lachte heiser, indem er eilfertig auf's neue zum Chassepot griff und sich einer eben rangirten versprengten Masse anschloß. „'s ist Jemand verwundet. Wer? Na, Mac Mahon."

Damit stürzte sich der Haufe sofort die Dorfgasse hinunter, über die bereits dichte Feuer- und Rauchsäulen hinschwankten.

Die Nachricht traf mich wie ein Donnerschlag. Bei diesen Umständen — —

Also war der Marschall wirklich einmal früh aufgestanden — aber offenbar mit dem linken Fuß!

An eine Pappel gelehnt traf ich den verwundeten Marschall, der an einer recht unangenehmen Stelle blessirt war. Eben aus einer Ohnmacht erwacht, fiel seine Auge zuerst auf mich, da der Titel „Adjutant Wimpffens" sich auch in diesem Kreise als eine Zauberformel erwiesen hatte, mit der bewaffnet ich mich in die nächste Nähe des Verwundeten drängte. Etwas wie Schadenfreude blitzte über seine bleichen vornehmen Züge. „Ah, Marquis — trèsbien! Sie kommen wahrscheinlich um — um das Commando aus meinen Händen für Ihren Chef entgegenzunehmen. Obwohl ich — ah, hm! — Der Anciennität nach ist General Wimpffen unstreitig an der Tour und ich — ich, hm! — würde ihm mit Vergnügen den Oberbefehl abtreten, wenn — wenn seine Unbekanntschaft mit den Zuständen der Armee u. s. w. — Ah, hm! Stabsarzt, mir wird verdammt schlecht! Ich muß es kurz machen. Kurz, er ist nicht — nicht lange genug in unsrer Mitte gewesen, um — um mit den Verhältnissen genügend vertraut zu sein. Ich ernenne zu meinem Nachfolger — ha, hm! Nehmt mich auf, tragt mich fort! — den General Ducrot." Damit sank Mac Mahon in seine ihm sehr bequeme Ohnmacht zurück und ließ mich selbst in keiner beneidenswerthen Geistesverfassung. Wenn Wimpffen jetzt bei seinem Jähzorn unliebsame Scenen machte und vor Allem die geheime Abmachung publicirte, so mußte momentan eine heillose Verwirrung entstehen. Ich sah auf meine Uhr. Es war nach 7 Uhr. Ohne einen Moment zu zögern, wandte ich meinen Renner und flog durch ein verheerendes Feuer (ich glaube sogar, daß ich Salven der Unsern kreuzte) durch das Wiesenterrain am Bazeille=Bach, um möglichst rasch Daigny zu erreichen. Unterwegs stieß ich auf Lebrun. „Nun, was sagen Sie?" rief er mir mit freudegerötetem Gesicht siegestrunken entgegen. „Wir gewinnen noch immer Boden." Damit streckte er mir freundschaftlich die Rechte entgegen und brachte mich zum Halten, so daß ich Muse hatte, zu beobachten, wie der Feind, in eine lange Plänkler= linie aufgelöst, mit großer Geschicklichkeit, aber unzureichen= den Kräften die alte große Lücke auszufüllen suchte, während unsre Sturmsäulen unablässig unter wohlgezieltem Schnell= feuer, in dichte Knäuel geballt, unter einem selbst den Schlachtendonner übertönenden „Vive l'Empereur!" nach= rückten.

„Gewiß! Wenn Excellenz hier durchbrechen können, so werden wir uns zwischen die Bazeille=Angreifer und die bei Lamoncelle Angreifenden einschieben und so —"

„Gut gesagt. Aber Lamoncelle ist schon genommen, Ducrot stark engagirt. In der Waldung um Daigny herum ist noch ein drittes feindliches Corps in die Aktion eingetreten. Na, sputen Sie sich! Adieu!" — Es gelang mir endlich durch die Hohlwege auf das Plateau hinauf= zukommen, das bereits nachdrücklich mit feindlichen Ge= schossen überschüttet wurde. Zufällig traf ich an der Spitze einer im Galopp heransausenden reitenden Batterie, die in die lange Feuerlinie der Unsern am Kamm des Höhenrandes eintreten sollte, meinen alten Schulfreund de Mauléon.

„Was Henker! Zu Ducrot willst Du, lieber Junge?" lachte er mir im Vorbeijagen zu. „Angeschlossen! Da kannst Du gleich mitkommen. Zu dem wollen wir auch. Hochwichtige Nachricht? was, braucht ihr Verstärkung oder führt ihr was Großes im Schilde? Nun, so geheimnißvoll? alter Wichtigthuer! So war er immer und hat sich nun an den größten Hanswurst und Wichtigthuer von der Welt attachirt. Ich meine natürlich unsern grimmen Algerier, den bärbeißigen Pascha mit zwei bis siebzehn Roßschweifen. — Weißt Du, wen Du da oben triffst? Ja, rathe mal! Die berüchtigten Kanonen von Saarbrücken sind diesmal historisch: Se. Majestät der Kaiser würdigt die alte napoleonische Spezialwaffe seiner besondern Aufmerksamkeit, mit dürren Worten, er hält bei uns im heftigsten Feuer. Hätt's ihm nicht zugetraut. Denn, unter uns gesagt — — wo kommst Du denn her?"

„Direkt aus Bazeilles." — Mauléon betrachtete mich wie ein Kuriosum. „Was, da bist Du gewesen und noch springlebendig? Hui, da mags auch heiter sein. Aber, was ich sagen wollte, bei uns geht mit bewunderungswürdiger Präcision immer ein Drittel der Mannschaft drauf. Wie diese Preußen zielen! Da kann Unsereins doch noch was profitiren. Und draufgehn thun sie wieder wie verzweifelt. Was wollen sie denn eigentlich? Zweck der Reise nicht ersichtlich, Angriff ins Blaue." Ich mußte hell auflachen.

„Das haben wir nun regelmäßig behauptet und nach jeder Niederlage ist uns der Sinn des Angriffs mit rührender Klarheit aufgegangen."

„Meinethalben, ich schieß. Das Andere kümmert mich nicht. Abgeprotzt! Auf den Posten, meine Herrn! Ah, ventre

St. Gris, da haben wir die Bescheerung!" Ein Hagel von Projectilen fiel auf uns nieder.

„Da haben diese Beester wirklich bis zur Verstärkung ausgehalten und nun kommen wir in die Patsche! — Drittes Geschütz herum, dort auf die Tirailleurkette! 3. bis 8. Geschütz dort auf die herantrabende Reserve-Batterie! — Denke Dir nur, alter Junge," fuhr er fort, unablässig commandirend, „da ist im Thalgrund von Lamoncelle vor 'ner halben Stunde mutterseelenallein eine einzige Batterie vorgegangen, weil unsere langen Infanterielinien zur Beschießung lockten. Mit 5 Batterien sind wir ihr entgegengetreten und haben sie noch nicht zum Weichen gebracht und jetzt bekommen sie die Oberhand." In der That sah ich durchs Fernrohr immer neue Geschütze drunten in die Gefechtslinie rücken, obwohl unser Feuer ihnen beträchtlichen Schaden zufügte. Eben davon sprengend und de Mauléon einen Gruß zuwinkend, erstarb mir das Adieu im Munde — eine schreckliche Detonation erfolgte. Ein Pulverkarren war in die Luft geflogen und ein wirrer Knäuel von zerschmetterten Munitionswagen und stürzenden Pferden zeigte die angerichtete Verwüstung. Von Mauléon war nichts mehr zu sehen — er war in Stücke gerissen. „Adieu pour jamais!" — — Ich zerdrückte mit männlicher Fassung die Thräne, welche mir das jähe Schicksal meines alten Freundes entpreßte und unterdrückte zugleich die Aufwallung von Bangigkeit, der sich in solchen Momenten auch nicht der Tapferste entziehen kann. Mais c'est la guerre....

Im nächsten Moment hielt ich vor Ducrot. Von zwei Seiten her sah ich Adjutanten des Obercommando's

in schärfster Gangart heransprengen. Es war evident, daß
die Nachricht seiner Ernennung noch nicht zu dem neuen
Obergeneral gelangt war.

„Was für 'ne wichtige Miene haben Sie aufgesetzt,
Marquis?" fragte derselbe überrascht, als ich in streng
dienstlicher Haltung vor ihm parirte. „Ich habe nicht
den Auftrag," wandte ich zögernd ein. „Darf ich bitten,
mir den Standort meines Chefs anzugeben? Ich hoffte
denselben hier zu finden."

„Ist schon wieder nach Bazeilles. Aber zum Henker,
so machen Sie doch nur schnell, wenn sie was Besondres
wissen — ist hier Zeit zu müßigen Ceremonien?"

„Rapportire Ew. Excellenz, daß der blessirte Marschall
Mac Mahon den Oberbefehl in die Hände Ew. Excellenz
übergeben hat."

Ich sah Ducrot heftig zusammenzucken. „Ist's möglich?
Und also doch nicht Wimpffen?" Widerstreitende Gefühle
huschten blitzschnell über sein Antlitz. Aber die unliebsame
Eröffnung schien ihn nicht in seiner Fassung zu erschüttern.
Seine Stirn klärte sich und mit einem heitern, halb un=
gläubigen Lächeln schien er sich in die Bürde der neuen
Würde finden zu wollen. „Man muß vor nichts zurück=
schrecken. Und am Ende ist's so am besten und Alles kann
noch gut werden —," so las ich in seinen Zügen, die zu=
gleich ein eigenthümlich gespannter Ausdruck belebte, den
ich mir anfangs nicht erklären konnte, indem er nochmals
nach Illy hinüber spähte. Es war wie Einer, der einen
lange vorbereiteten bestimmten Plan längst als unmöglich
eingesehen hat und ihn nun wider alle Wahrscheinlichkeit

als erfüllbar erkennt. Entschlossene Festigkeit prägte sich in jeder Linie dieses markirten Gesichtes aus und schien sich in einem festen Entschluß zu concentriren.

„Strengster Befehl an Lebrun:" commandirte er mit klarer sicherer Stimme, „die Divisionen Grandchamp und Vassoigne echelonweise auf dem Plateau nach Illy ab= rücken. Die Reserven ins Gefecht! Sie, Colonel, werden auch Ihrem Chef diesen Befehl übermitteln. Und Sie, meine Herren," wandte er sich an die zwei Divisionäre Pellé und L'Hériller, „werden sofort dieser Bewegung folgen. Das V. und VII. Corps schließen sich an und ziehen direkt auf Nordwesten ab. Was sich vom Feind entgegenstellt, wird im Marsch über den Haufen geworfen. Schnell, schnell, schnell!"

Eine allgemeine Erstarrung schien sich der Untergebenen bemächtigt zu haben. Keiner antwortete.

„Aber das ist ja ein absoluter Rückzug," entfuhr es mir unwillkürlich. Lebhafte Unruhe lief durch die Glieder des Stabes.

„Aber das ist ja Widersetzlichkeit!" donnerte Ducrot, indem er seine durchbohrenden Augen von Einem zum Andern laufen ließ. „Wer lange zaudert, wird füsilirt. An Ihre Posten! Keine müßigen Erörterungen! Sie sind noch hier, Colonel? Sie haften mir für Ausführung meiner Befehle. Bei Ihnen steht die Rettung der Armee."

Und als ich mit äußerster Anstrengung die gefahr= volle Route nach Bazeilles zurücklegte, durchdrang mich innerlich die Zuversicht und Gewißheit, daß dieser Mann der einzige Feldherr unter uns und nur bei ihm noch planvolle Leitung zu erhoffen sei. Beim Eingang des lichterloh brennenden Dorfes begegnete mir natürlich mein Chef, der unaufhörlich neue Abtheilungen vorführte. Seine Miene war düster und unsicher. „Was thun?" grollte er auf mich zustürzend, „ich muß mich unterordnen. Dieser Racker — der da!" Er machte eine allgemeine Handbewegung und spuckte verächtlich aus. „Pfui! Neidisch bis zuletzt! Damit ihn keine superiore Begabung in Schatten stellt, vermacht der alte Esel dem Heerverderber Ducrot — Nein, nein, ich mag gegen den Mann nichts sagen. Sehr fähig, aber hat noch zu wenig mitgemacht. Und dabei ohne Ideen und Esprit. Der steckt nur noch bei der alten Schule. Und obendrein vermisse ich bei diesem entnervten Geschlecht den eigentlichen Elan."

„Wenn Excellenz doch nur wenigstens gestern Ihre Vollmacht hätten beglaubigen lassen!" wagte ich respektvoll einzuwerfen. — — „Nicht wahr, ich sollte Mac Mahon bei der ersten Bekanntschaft die ganz ergebenste Mittheilung machen: Mein lieber Marschall, sobald Ihnen was Menschliches zustößt u. s. w. Das hätte Wimpffen gepaßt. Und so etwas sagt sich nicht leicht. Habe schon mit Failly Aerger genug gehabt."

„Dennoch werden Excellenz wohl —"

„Eingreifen müssen? Sehr wahr! Wie Sie doch Alles errathen, mein theurer Freund! O, Sie haben Ideen. Dieser altfranzösische Adel, vor dem ich mein Compliment mache," damit lüftete er elegant die Mütze, während uns die Kugeln ohrzerreißend um die Köpfe pfiffen, „dieser

Adel hat den ererbten Esprit, verstehen Sie: Darwin'sche Theorie!" Wir waren leider zu tief ins Kleingewehrfeuer hineingerathen, um wohlgesetzte Perioden fortzuspinnen. So raunte mir mein Chef nur hastig zu: „Die Stunde der Gefahr, der Ehre, der Entscheidung wird mich auf meinem Posten finden. Ich erwarte den Ruf des Geschicks. Erst im großen Moment entwickelt sich wahre Größe. Lassen wir ce jeune Ducrot die Ehre des Commandos!" („Und der Verantwortlichkeit!" lächelte ich heimlich.) „Aber sobald derselbe einen faux pas begeht, eine Maßregel unternimmt, die mir mißbehagt und von meinem höheren Gesichtspunkt aus — na, Sie verstehn — dann bin ich da! dann weg mit ihm und meine Rechte treten ein." Ich erstarrte bei diesen Worten. War ich doch selber der Ueberbringer eines Befehls, der Wimpffen zum Rasen bringen mußte! Aber überbracht mußte er werden, coûte que coûte!

Der Kampf fing an, sich momentan sehr günstig zu gestalten. Der vollständig erschöpfte Feind hatte seine letzten Reserven herangezogen, aber unsererseits rückten dichte Reserve-Kolonnen von Sedan hervor und die Ueberwältigung dieses feindlichen Flügels wurde nur durch das vernichtende Feuer gehemmt, welches eine kolossale feindliche Batterie in unserer Flanke von Frénois aus unterhielt, wo frische bairische Heeresmassen noch intakt standen.

„Oho, wir werfen sie in die Maas!" jauchzte mein Chef, über Leichenhügel vorübersprengend. Sein graues Haar flatterte im Wind, sein Gesicht war pulvergeschwärzt, vom Brande grellroth beleuchtet, weithin sichtbar, hielt der unerschrockene Alte fortwährend kernige Ansprachen im

Bulletinstil. „Hören Sie, Marquis!" warf er mir zu. „Werde wohl doch noch herausrücken. Die Sache macht mir Spaß. Das Ganze muß unter eine superiore Leitung genommen werden!"

„Aha!" dachte ich. „L'appetit vient en mangeant. Die weichende Armee zu führen paßt ihm nicht, aber die siegreich vordringende — ja wohl!" Ich sah sofort, wie die Sache kommen würde. Alles kam darauf an, ob Ducrot ihn anerkannte; denn, daß er nicht länger Ordre pariren würde, war mir klar. Außerdem hatte mein Auftrag Eile. Ich hatte endlich Lebrun gefunden und theilte ihm mit energischen Ausdrücken Ducrots peremptorischen Befehl mit. Er wollte seinen Ohren nicht trauen. „Was sagen Sie da? Abrücken?! Aber wir dringen ja fortwährend vor." — Durch den folgenden hitzigen Wortwechsel angelockt, unterbrach plötzlich mein Chef mit vor Ingrimm bebender Stimme die Debatte. „Was ist das? Was darf hier vorgehen? Und hinter meinem Rücken? Und Sie sagen mir nichts davon, Marquis? Sie sind mir ein Muster=Adjutant. Der übertrifft ja noch den verflossenen Magenta! Feigheit, Poltronnerie!"

„Kenne Ducrot doch sonst nicht von der Seite," warf Lebrun gemüthlich ein.

„Natürlich. Feigheit? Haha! Das ist schlimmer wie ein Verbrechen, das ist eine Dummheit, wie ein gewisser Talleyrand sagte. Das ist eine Infamie, das ist der pure blanke Verrath!"

„Um Gottes willen mäßigen Sie sich, mein General!" warf ich dazwischen. Denn in der Nähe fechtende Truppen hatten das verhängnißvolle Wort aufgefangen und stutzten. „Jetzt wäre der Moment!" fuhr ich fort, da mir nur so weitere Confusion und hereinbrechendes Unheil zu vermeiden schien. „Uebernehmen Sie den Oberbefehl!"

„Ich übernehme ihn," versetzte Wimpffen mit großer Würde. „Lebrun wird nicht nur nicht abrücken, da ein Rückzug auf seine mit so heroischer Bravour kämpfenden Truppen nothwendig deprimirend wirken müßte, sondern ich werde sogar die Reserve heranziehen. Fürchten Sie nichts, alter Kamerad! Jetzt kommt die einheitliche Leitung und die entschlossene Hand: Ich entwickle mich!"

„Hm!" lächelte Lebrun gutmüthig. „Sie sind freilich so zu sagen der Aelteste hier am Platz, jedoch —"

„Ich übernehme jede Verantwortung." Wimpffen überreichte ihm hastig mit der Linken die hervorgezogene Vollmacht, während er mit der Rechten auf ein aus= gerissenes Notizbuchblatt, eine zertrümmerte Mauer als Pult benützend, einige Zeilen kritzelte, die er mir zuwarf. „So= fort an Ducrot! Keine Bange, lieber Lebrun! Ich hafte mit meinem Kopf." Als ob man den verlangt hätte!

„Mir ist's nur zu recht!" erwiderte der Vertheidiger von Bazeilles. „Attention, meine Kinder! So, bestreicht dort die Quergasse! Und dann mit dem Bajonnett ihnen in die Rippen gekitzelt!" — — — —

Als ich wieder auf dem Plateau anlangte, hatte sich die Scene noch grandioser verändert. Die Erde dröhnte und zitterte buchstäblich zum Bersten. Ein ähnliches Feuer ist nie vorher gehört worden. Mittlerweile war der Feind auf der Linie Lamoncelle=Daigny=Givonne vorgegangen und mit ebenso großer Bravour als Geschicklichkeit aus den Gebüschen auf die Dörfer losgebrochen. Hier im Thalgrund warfen sich ihnen die langen Linien der Unsern unverzüglich unter Massenschnellfeuer entgegen und das Infanteriegefecht wüthete auf der ganzen Linie. Der Feind mußte sich bereits mit zäher Hartnäckigkeit an vielen Punkten festzusetzen und sein theilweises Vordringen wurde durch das fürchterliche Feuer von etwa 300 Geschützen erleichtert, die das ganze Plateau und die Waldungen mit einem Orkan von Projectilen überschütteten. Unsere Artillerie antwortete standhaft und unerschrocken, doch war sie in erschreckender Minderzahl und schon theilweis durch das unglaublich präcise Zielen des Gegners außer Gefecht gesetzt. Abfahrende, total demontirte Batterien begegneten sich schon vor den Wällen der Festung mit fliehenden Geschützen unsrer Balan-Batterie, die durch das concentrische Feuer von Frénois, den Maasbrücken und Lamoncelle her von einer Position zur andern gejagt und erdrückt wurde. Hatte Wimpffen doch schon selber angeordnet, daß die vor Sedan stehenden Regimenter sich mit dem Gesicht zur Erde werfen sollten, nicht blos zur Deckung, sondern auch um das entmuthigende Schauspiel der untüchtigen Artillerie nicht länger vor Augen zu haben. Außerdem schossen die Unsern nur im Nahkampf erträglich. All unsre Granaten platzten wirkungslos 200 Schritt vor den feindlichen Linien.

Das Orchester war vollzählig, die Instrumente gestimmt, das Concert in vollem Gange. Mal pianissimo: Bum, bum, bum, brumm, brrrum! Dann schnitt der stoßweise Lärm der Mitrailleusen „G—rratt, Gerratt,

G—r—att!" ähnlich dem Knarren verrosteter Thürflügel in das andauernde „Tak, tak, tak, tik, tik, tak rrrr u—hm rrrr—" der Gewehrsalven. Dann aber fortissimo! Die Shrapnels zischten und prasselten — „schi—schi—isch—schi—isch!" — und die Granaten heulten und bellten dazwischen: „Wu—u—h—wu—wu—wu—wu—u—uh—oa—tra!" Und durch das schmetternde „Rattatat, tratata, tra!" der Signalhörner drang, vom Pulverdampf gedämpft, mit einem seltsamen metallischen Ton, fein und dünn das „Vive l'Empereur!" aus den Waldungen herauf.

Im Vorüberreiten stieß ich auf eine Reitergruppe, in welcher ich zu meinem Erstaunen den Kaiser mit seiner schon sehr gelichteten Suite entdeckte. Derselbe erkannte mich sofort und winkte mir hastig zu halten: „Da sind Sie ja wieder, mein Herr Marquis. Ich sah Sie schon vorhin. Sie scheinen ja überall!" geruhte Se. Majestät mich huldvoll anzureden. „Nun sagen Sie mir, mein Herr, was ist nun wieder das?!" Damit deutete er auf die an der Schlucht von Cazal vorbeidefilirenden Divisionen L'Hériller und Pellé, die längs dem Höhenrande auf Douay's Positionen zumarschirten. „Ich sah diese Truppen eben noch in starken Stellungen. Was macht denn der General Ducrot? Was beabsichtigt er?"

„Den Rückzug!" war ich unvorsichtig genug zu antworten. Se. Majestät fuhr heftig auf.

„So, schon wieder ein Rückzug? Davon hat mir freilich der General nichts mitgetheilt. Er hat mir da so eine Phrase hingeworfen: Der Feind amüsirt uns nur an der Maas und will uns bei Illy die Schlacht bieten. — Aber das heißt ja nichts! — Nun, ich mische mich grundsätzlich nicht in militärische Dinge. — Was macht denn nur Ihr Chef? Wo steckt derselbe? Warum tritt er nicht die ihm bestimmte Stellung an?"

„Sire," erwiderte ich gemessen, „ich habe die Ehre, Ew. Majestät zu melden, daß der General Wimpffen soeben den Oberbefehl übernommen hat."

„Très-bien!" rief der Kaiser sichtlich erfreut. „Nun wird schon Alles gut werden. Straffe einheitliche Leitung thut noth. Sagen Sie meinem lieben Wimpffen, daß ich völliges Vertrauen zu ihm hege. — Adieu, mein lieber Marquis! Wir sehen uns hoffentlich heut wieder." — —

Wenige Minuten nachher kam mir Ducrot entgegen. Er sah fürchterlich aus. Seinem schweiß= und schaumbedeckten Rappen die Sporen bis auf's Blut in die Weiche bohrend, kam er, von dickem Staub und Pulverdampf umgeben, wie in einer Donnerwolke herangebraust. Seine Augen rollten, seine Stirn war drohend gerunzelt, die Adern seiner Schläfe traten zum Bersten hervor. Schon aus der Ferne schrie er mir entgegen: „Sie kommen also wirklich zurück? Was soll das heißen? Meine Befehle sind nicht ausgerichtet?!"

„Mein General," begann ich zögernd.

„Schon gut. Sie werden sich nach der Schlacht zu verantworten haben. Denn nicht genug, daß der rechte Flügel getrost im alten Stil weiterarbeitet, so sehe ich auch noch seine Reserven ins Treffen rücken. Ja mehr als daß — ich komme eben persönlich herbei, um diesem unerklärlichen Mißverständniß auf die Spur zu kommen — meine, sage meine eigenen Truppen werden im Abmarsch sistirt." Er deutete nach Sedan zu, wo allerdings die Rückwärtsbewegung der Divisionen Pellé und L'Hériller plötzlich ins Stocken gerathen schien. „Da muß noch Anderes im Spiel sein, als Ihre Saumseligkeit."

„Der General Wimpffen —" hob ich aufs neue ziemlich zaghaft an. Ducrot fuhr auf, wie von der Tarantel gestochen. „Dacht' ich's doch! Kein Mißverständniß, sondern Mißtrauen, übler Wille! Aber noch ist nicht —"

In diesem Moment kam Niemand anders als Wimpffen selber mit einer glänzenden Suite die Höhe herauf und grüßte schon von Ferne verbindlich mit der Hand. Sein Brief war in den schmeichelhaftesten Ausdrücken abgefaßt gewesen und er vermuthete natürlich, Ducrot habe denselben schon in Händen. Dieser knirschte mit den Zähnen, indem er geradewegs auf Jenen lossprengte. Ich eilte jedoch, um mein Zögern wieder gut zu machen, neben ihm her: „Ich beschwöre Ew. Excellenz sofort dies Schreiben zu überfliegen." Ducrot riß dasselbe an sich, raunte jedoch halblaut, als die beiden Heerführer sich gegenüberhielten, dem sich freundlich verneigenden Wimpffen zu: „Ich lasse Ew. Excellenz vor's Kriegsgericht stellen."

„Und ich müßte bei solchem Verhalten um den Degen des Herrn Kameraden bitten," erwiderte der Erstaunte gleichmüthig, während Jener mechanisch den inhaltsschweren

Brief überflog. Fast zugleich zog Wimpffen ruhig aus der Uniformtasche das authentische Originalschriftstück des Kriegsministers und reichte es Ducrot hin, der es gleich darauf mit tiefer Verbeugung zurückstellte. Anfänglich hatte sich eine mächtige Erregung und Empörung in seinen Zügen gespiegelt, jetzt umspielte seinen Mund ein eigenthümliches mokantes Lächeln.

„Ich sehe mich genöthigt, Ew. Excellenz um Verzeihung zu bitten. Genehmigen Sie die Versicherung, daß ich Ihnen unbedingt gehorsamen werde. — Zugleich muß ich wohl um Entschuldigung bitten, wenn meine bisherigen Anordnungen Ihren Beifall verfehlt haben."

„Allerdings so sehr, daß ich kaum ihren Grund begreifen kann."

„Nicht?" machte Ducrot. „Würden Sie so gütig sein, mit mir etwas abseit zu reiten, um mir eine kurze Diskussion unter vier Augen zu gestatten?"

„Ich sehe kaum den Zweck. Die Zeit drängt zum Handeln. Doch wie Sie wollen." Damit folgte Wimpffen höflich der Aufforderung. Mich hatte Ducrot zum Mitkommen befohlen, indem er hinzusetzte: „Ein Augenzeuge dieser Unterredung kann für später von Wichtigkeit sein."

Wir trabten bis zu einer Thalsenkung, von wo man einen gewissen Ueberblick des Terrains hatte. Ducrot deutete wortlos nach Westen, wo allerdings ein lebhafter Kanonendonner, untermischt mit Gewehrknattern, begonnen hatte. —

„Nun ja, Douay scheint etwas engagirt," entschied Wimpffen ruhig. „Wenn es nicht etwa nur auf Ihren

Wald von Garenne abgesehen ist! Allerdings habe ich das nicht erwartet. Doch halte ich das Alles nur für Schein-Manöver und falsche Diversionen. Wir schlagen eine Frontalschlacht bei Bazeilles. Ohne uns daher auf dem linken Flügel durch das Necken des Feindes beunruhigen zu lassen, müssen wir alle unsre Anstrengungen zusammenfassen, um, was vor Lebrun steht, zu ecrasiren."

Ducrot hatte gespannt und geduldig zugehört. „Sie denken also nach Montmedy durchzubrechen?"

„Durchbrechen?! Was für sonderbare Ausdrücke Sie wählen, Herr Kamerad. Wir werden die Baiern in die Maas werfen — voilà tout!"

Ducrot schwieg einen Moment. „Sie nehmen also den Plan des Herzogs von Magenta wieder auf?"

„Ich nehme Niemandes Plan auf!" erwiderte Wimpffen mit beleidigter Würde. „Doch erriethen Sie mit Ihrem gewöhnlichen militärischen Scharfblick meine tieferen Intentionen. Ich gedenke mit dem Gros auf Carignan-Montmedy zu marschiren, den Feind vor mir herzudrücken —"

(„Drücken Sie ihn gütigst!" schaltete Ducrot halblaut ein.)

„Und durch einen Flankenmarsch die Straße nach Metz zu gewinnen. So wird es gelingen, dem Marschall Bazaine die Hand zu reichen."

„Der vielleicht schon fest sitzt. — Nun, das ist doch wenigstens ein Plan!" athmete Ducrot auf, als ob ihm überhaupt das Vorhandensein eines bestimmten Planes bei Wimpffen unerwartet käme und ihm einen Stein von der Seele wälze. „Und noch obendrein ein verdammt großartiger! Nur wird der Feind anderer Ansicht sein. Sie gehen eben von der Voraussetzung aus, daß er uns ruhig gewähren läßt. Daß er auch sehr ernsthafte Absichten haben könne, scheint Ihnen unglaublich. — Nun mache ch Ihnen zwar das Commando nicht streitig. Aber lassen Sie mich Ihnen bemerklich machen, daß ich mich seit anderthalb Monaten den Preußen gegenüberbefinde, daß ich ihre Operationstechnik besser kenne, daß ich die Situation und das Terrain studirt habe und daß es mir nach Allem unzweifelhaft scheint, daß der Feind Miene macht, uns —" Ducrot pausirte einen Moment und schloß dann mit scharfer Betonung: — „einzuschließen."

Wimpffen starrte bei dieser überraschenden Erklärung ungläubig drein. „Einzuschließen? Wo denn, wie denn, wen denn? Uns? Alle Achtung vor Ihrer Kriegserfahrung! Aber das ist mir zu hoch."

Ohne sich irre machen zu lassen, fuhr Jener kaltblütig fort: „Vorhin langte ein berittener Bote vom Maire von Villers Cernay bei mir an: Unabsehbare Heeresmassen wälzen sich auf dem Felde nach Floing zu. Die Meldung fügt bei, daß seit frühem Morgen dies Durchpassiren gewährt habe. Wohin marschirt all diese feindliche Infanterie, wenn nicht nach Illy?"

„Illy?" machte Wimpffen geringschätzig. „Was ist Illy? Wozu immer dieser Ortsname?"

„Aha, Sie wissen nicht, was Illy ist?" versetzte Ducrot trocken. „Kann mir's denken. Ich will es Ihnen sagen. Nun sehen Sie einmal hier!" Damit entfaltete er eine Karte, da er noch, der Einzige unter allen Corps= generalen, dieser überwundenen Schwachheit fröhnte.

„Hier ist die Maasschleife, die, gegen Norden aus= biegend, nur einen schmalen Raum zwischen dem Fluß und der belgischen Grenze läßt. Nur an einem Punkt können wir durch — das ist Illy. Wenn der Feind ihn schließt, sind wir verloren."

Wimpffen würdigte die Karte kaum eines Blickes: Dergleichen Eselsbrücken verschmäht ein geborener Feldherr. „Gut, gut! Sehr hübsch motivirt, mon cher. Aber darum handelt sich's ja gar nicht. Augenblicklich ist Lebrun im Vortheil und wir müssen davon Nutzen ziehen. Was uns Noth thut, ist nicht ein Rückzug, sondern ein Sieg."

„Ein Sieg?!" Ducrot stand in sprachloser Bestürzung. Er gab es auf. „Seien wir froh, wenn wir am Abend noch einen Rückzug haben! Ist der Wald von Garenne umgangen, so sind wir eingeschlossen und befinden uns in der bedenklichsten Lage. Uebrigens ist die Schlacht in vollem Gange — wir müssen ausessen, was man uns eingebrockt hat. Diese halbe Stunde, wo ich mit fieberhafter Ungeduld den Abzug auf Illy meinen Befehlen gemäß erwartete, ist die verzehrendste meines Lebens und entschied vielleicht das Geschick von Frankreich. Gott schütze das Vaterland!"

„Und der Teufel hole Ihr Rabenkrächzen!" brach Wimpffen los. „Wollen der Herr Kamerad mir vielleicht mittheilen, ob Sie via Illy zur oder — über die belgische Grenze wollen?" fragte er spitz.

„Warum nicht?" gab Jener auf die versteckte Be= leidigung barsch zurück. „Besser Uebertritt, als die

Schmach der Kapitulation!" Das verhängnißvolle Wort war gesprochen — mir zuckte es durch alle Nerven.

"Mein Gott!" schrie der alte Haudegen, wie außer sich. "Ein französischer General spricht auf dem Felde der Ehre, während seine Braven für den Sieg bluten, von Kapitulation?! So tief sind wir gesunken?"

Es schien einen Augenblick, als ob Ducrot an den Degen fahren wolle. Er bezwang sich aber sofort und replizirte mit vollkommener Ruhe: "Danke sehr. — Ich muß machen, daß ich zu meinen Leuten komme. Sonst werden Sie mir noch zumuthen, auf meine alten Tage Kanonenfieber bekommen zu haben. Wahrscheinlich habe ich Ihnen Vernunft gepredigt — Pardon, Sie zu belehren versucht — ich wollte sagen, Ihnen zu rathen gewagt —" verbesserte er sich mit unsäglich bitterem Lächeln, "um mich meiner Schuldigkeit zu entziehen. — Adieu. Meine schwerste Pflicht habe ich hier erfüllt. Die Verantwortung falle auf Ihr Haupt!" Damit sprengte er zu seinen Positionen zurück, um dieselben während des Kampfes nicht wieder zu verlassen. Er hat sich nicht mehr in die Leitung gemischt, für deren erdrückende Last mein Chef sich im Besitz eigens geschaffener Atlasschultern wähnte. Er schien jedoch einigermaßen bewegt und verlegen. Nach einem kurzen, mürrischen Schweigen befahl er:

"Folgen Sie mir! Ich werde persönlich auf dem linken Flügel den neuen Feind recognosciren."

Dieser Ausdruck erwies sich nur zu bald als gradezu lächerlich. Denn selbst das Inspiziren war uns über= raschend leicht gemacht. Kaum auf der Höhe von Illy angelangt, sahen wir den ganzen Rand der jenseitigen, theilweise dominirenden Hügelketten von einer unabsehbaren Artillerielinie umzäunt — wohl an zweihundert Stück — fünf Kilometer Artillerie! Sie schienen wie durch Zauberei dort hinaufgekommen. In diesem Moment trabte von der Schlucht von Cazal, wo die gesammte Kavalleriereserve hielt, ein höherer Offizier auf uns zu. Ich erkannte in dem kokett in Scene gesetzten Reitergeneral den berühmten Marquis von Galliffet.

„Woran soll man sich denn halten, General?" rief er schon von Weitem. „Da benachrichtigt mich Ducrot vor einer Viertelstunde, er habe das Commando übernommen. Zugleich sehe ich mehrere Divisionen in vollem Abmarsch begriffen. Plötzlich kommt Contrebefehl. Wer hat denn den wieder gegeben? — Sollten Sie vielleicht, General —" Auf eine heftig bejahende Bewegung salutirte Galliffet, der die Sachlage sofort begriff. „Wenn ich demgemäß die Ehre habe, zu dem Höchstcommandirenden zu sprechen, so lege ich Ew. Excellenz dringend ans Herz, daß dies ewige Hin- und Hermarschiren nothwendig ermüdend und deprimirend auf den Soldaten wirken muß."

„Mir ganz aus der Seele gesprochen!" bekräftigte Wimpffen wohlwollend. „Sind auch schon in die alten Stellungen gerückt."

„So, so!" brummte Galliffet. Er schien bedenklich und verwirrt. „Wie soll ich mir aber dann damit zusammenreimen, daß mir der Befehl gekommen ist, meine Regimenter zusammenzuziehen und auf der Chaussee von

Illy in scharfer Attake auf den Feind zu stürzen, um für den Rückzug Luft zu machen?"

„Blanker Wahnsinn!" grollte Wimpffen. „Das kann nicht so fortgehen. Man muß den Leuten zeigen, daß **Einer** commandirt.... Freuen Sie sich nicht zu sehr auf eine gewiß brillante Affaire, mein Herr Marquis. Für Ihr Eingreifen werde ich den geeigneten Zeitpunkt wählen. Er wird sich finden, wenn unser Sieg ausgebeutet und der wankende Feind auseinandergesprengt werden soll."

Mit dieser Erklärung verließ er den aus allen Himmeln gefallenen und nicht wenig verblüfften Reiterführer und begann ernstlich, sich den verschiedenen ihm aufstoßenden Truppenkörpern als Obergeneral vorzustellen, indem er öfters kernige Ansprachen hielt, um zu entschlossenstem Widerstand anzufeuern. Diesen organisirte er übrigens in seiner Art mit vieler Geschicklichkeit und es ließ sich überhaupt nicht leugnen, daß wir hier über eine formidable Macht in starken Positionen verfügten.

Die Höhenlinie, die unmittelbar hinter Floing aufsteigend sich bis Illy hinzog, entsprach einer natürlichen Festung, war in Etagen aufgebaut und sprang an einer Stelle mit einer hohl überhängenden Kuppe bastionsartig vor. Dort stand eine einsame Pappel von kolossalem Kaliber, wie eine eigens hergesteckte Signalfahne, ein point de vue. Dort hatte sich auch jene große Mitrailleusenbatterie concentrirt, die durch ihr heroisches Aushalten bis zuletzt berühmt geworden ist. Ueberall war das Terrain geschickt benutzt, tiefe Schützengräben waren in den Boden geschnitten, die hochliegenden und mit massiven Mauern umgebenen Gärten von Illy und das Dorf selbst mit jener Routine zur Vertheidigung hergerichtet, die dem französischen Soldaten angeboren und ein durch die alten napoleonischen Traditionen gepflegtes Erbtheil ist. Im eigentlichen Metier, dem kleinen Kriegshandwerk, sind wir überhaupt noch immer jeder Truppe überlegen, so vortrefflich der Feind unsere Gefechtsweise nach= und ausgebildet hat. Dies zeigte er durch die Gewandtheit, mit welcher seine dichten Tirailleurschwärme rings gegen die Höhen vorgingen, die sie bereits zu erklimmen suchten. Nach heftigem Kampfe hatte uns der unwiderstehliche Stoß der überlegenen feindlichen Massen aus Floing geworfen und schon wurde im ersten Anprall die unterste Terrasse der Hügel erstiegen. Aber das wahrhaft vernichtende Feuer, das sie aus jeder Hecke empfing, hielt ihre Tête auf, während das nachrückende Gros, dessen dichte Colonnen man auf mindestens zwei Infanteriecorps schätzte, buchstäblich auseinandergerissen wurde, sobald es den breiten Bach und die große Straße im Thal überschritt. Dennoch gelang es demselben, sich so weit zu entwickeln, daß es, in weite Schwärme aufgelöst, den Fuß unserer Stellung umklammern konnte. Zugleich begann ein großartiges Artillerieduell. Einem weniger heroischen und physisch kräftigen Gegner gegenüber mochte unsere Position als uneinnehmbar gelten. Damit tröstete sich Wimpffen. Am Ende war ja noch nichts verloren... Als er eben durch ein Fernglas das zu unseren Füßen im Gehölz rasende Centrumgefecht der Ducrot'schen Truppen verfolgte, das sich allmählich den Abhang hinaufzog, wurden wir ange=

rufen. Es war der Kaiser selbst, der auf dem Schlachtfeld umherirrte — natürlich ohne alle und jede Kenntniß der Sachlage.

„Wie steht die Schlacht?" fragte er haftig, bevor sich noch Wimpffen als General en chef melden konnte.

„So gut wie möglich, Sire. Wir gewinnen Terrain."

„Aber man sagt, eine starke feindliche Abtheilung umgehe unsere Linke?"

Mit unerschütterter Zuversicht ließ Wimpffen die denkwürdigen Worte vom Stapel: „Um so besser! Man muß sie gewähren lassen. Wir werden sie eben in die Maas werfen."

Diese Fanfaronnade war rein ins Blaue geredet. Ritt er sein Bazeille-Steckenpferd oder meinte er dort auf der andern Seite die Maasschleife, wo sich grade zu meinem nicht gelinden Entsetzen eine feindliche Batterie, die Linie St. Menges-Fleigneux flankirend, bei Serifontaine am jenseitigen Ufer formirt hatte? So wurde nunmehr Sedan nicht nur gegenüber, links von Bazeilles, sondern auch von Frénois aus im Rücken beschossen. Die Einschließung war complett, der eherne Wall gethürmt. Jedoch — viel Feind, viel Ehr! So antwortete denn auch Wimpfen einer erneuten Anfrage kaiserlicher Adjutanten mit stoischer Ruhe, indem er wie sein großes Vorbild zwei Finger in die Rocköffnung steckte:

„Sagen Sie dem Kaiser, in zwei Stunden habe ich sie in die Maas geworfen!"

Bald darauf befanden wir uns wieder in seinem geliebten Bazeilles. Von beiden Seiten warf man immer neue Truppen hinein, um den feuerspeienden Krater zu speisen. Ich habe von diesem tollen Gemetzel nur noch unvollkommene Vorstellungen. Es wurde mit der blut=
dürstigen Rachgier lebenslänglicher Todfeinde gestritten. Auf deutscher Seite langgenährter Haß, auf französischer die Erbitterung hochmüthiger Weltbeherrscher über die Anmaßung herausfordernder Parvenus. War es doch unbewußt bei jedem Einzelnen ein Zweikampf der zwei kriegerischsten Nationen der Neuzeit um die Welthegemonie!

Dieses instinktive Bewußtsein riß wohl auch die Ein=
wohner fort, sich an dem Blutbad zu betheiligen. Sie thaten es in der Uniform von Nationalgardisten, aber wie Meuchelmörder. Man hat erzählt, die Bayern hätten ganze Familien in die Flammen gestoßen; aber ich habe selber gesehen, wie ein bayerischer Jäger ein altes Mütterchen, das in der brennenden Straße vor Mattigkeit zusammen=
brach, durch einen Trunk aus seiner Feldflasche erquickte und ihr dann half, das Bündel mit ihren Habseligkeiten auf den Rücken zu heben. Ich habe ferner beobachtet, wie ein Einwohner einen verwundeten Bayern in ein brennendes Haus zu schleifen suchte und wie der Frevler von den herzueilenden Kameraden niedergemacht und dann selber in die Flammen geschleudert wurde.

Keiner von Beiden verdient Vorwürfe: Völkerhaß ist unerbittlich.

Bazeilles war längst in Brand geschossen; Hitze und Qualm machten es in vielen Straßen unmöglich, den

Kampf fortzusetzen. Theilweise war ja auch der blühende Flecken schon eingeäschert. Ueberall geschwärzte Ruinen! Achtzig Häuser, nicht Hütten, nicht Lehmkathen, sondern zweistöckige Quaderbauten, aus massivem Sandstein aufgeführt, lagen in Trümmern. Die heldenmüthigen Vertheidiger ließen sich einfach mit den Bauten verbrennen.

Zuletzt trat der elementare Dämon, der in jeder Menschenbrust steckt, in seine Rechte. Man fiel sich mit den Naturwaffen an, man umkrallte und würgte sich. Ich sah Leute, die mit abgerissenem Bajonnet auf einander losgingen und sich, nur an die Vernichtung des Gegners denkend, zu gleicher Zeit beim ersten Stoß niedermachten; Offiziere, die einander, ohne zu pariren, den Degen durch den Leib rannten; Sterbende, die sich in ihre Sieger krampfhaft verbissen oder Vorüberschreitende umzureißen suchten. Man warf die Vertheidiger summarisch zum Fenster hinaus, daß das Gehirn umherspritzte. Man schmetterte sie von hinten mit Steinen nieder, wo sie, obwohl allerseits umgangen, bis zuletzt, hinter Schutthaufen und Mauerresten am Boden liegend, feuerten, ohne sich um den Todesstreich zu kümmern, der sie vom Rücken her bedrohte.

Es war ein berserkerhafter Kampfzorn. Ich sah auf der Hauptstraße einen Marinesoldaten mit zerschmettertem Bein liegen, in seinem Schmerze fast verschmachtend. Ein bayerischer Oberst bot ihm einen Trunk Wasser und Wein aus seiner Feldflasche, eine aufopfernde und erbarmungsvolle That mitten im Feuer. Aber der Sterbende wies ihn zurück, knirschte mit den Zähnen und lästerte Gott. —

Wilde Flüche, das unheimliche Klirren des Bajonnetkampfes, dazwischen gellendes Angstgeschrei flüchtender Weiber, Schmerzensgebrüll! Und durch das Schmettern der Hörner und Rollen der Trommeln hindurch bestialisches Tigergeheul und hyänenhaftes, heiseres Wuthgelächter! — Pardon wurde überhaupt weder verlangt noch gegeben. — Cambronne soll jene schöne Phrase: „Die Garde ergibt sich nicht, sie stirbt," nicht gesprochen haben. Der heroische Cynismus „Merde!" mit dem die Aufforderung zur Ergebung beantwortet wurde, ist auch viel zweckgemäßer.

In der That, „Koth" scheint Alles in solchen Momenten, wo der blutige Koth, mit gehacktem Blei und zuckenden Gliedern vermengt, umherstiebt. Ein Kothmeer scheint Erde und Himmel zu verschlingen, worin die Teufel sich wälzen und die Engel ersticken. Nur eine Tugend scheint noch lebendig — denn die Tapferkeit wird bald zu wüstem Morden und thierischem Instinkt — das ist ein gewisser vager Patriotismus. Wie der brutale Nelson sich bei der ersten Breitseitenlage von Trafalgar zu einem würdevollen Heros verwandelte, so überkommt in solchen Kämpfen auf dem Boden des Vaterlandes auch den gemeinsten Troupier ein seltsamer Fanatismus. Nicht mehr war es die blinde Vergötterung militärischer Götzen, wie bei Waterloo, wo man Grenadiere den linken zerschmetterten Arm mit dem rechten in die Lüfte werfen sah: „Vive l'Empereur jusqu'à la mort!" — nicht mehr folgte man allein der Trikolore, der Iris des Sieges, und dem „heiligen Kreuz" des Ruhmes, dem Stern der Ehrenlegion. Die Austerlitzsonne war im Sinken. Sie leuchtete uns nicht mehr vor in die ewige Nacht. — Immer vereinzelter scholl das „Vive l'Empereur!" der Offiziere und immer stärker schwoll das donnernde Schlachtgeschrei, das wir dem Feinde entgegenschleuderten: „La France!".... Und doch mußten die Deutschen siegen. Sie hatten eine Idee auf ihrer Seite — und die siegt immer. Der Zufall oder meinethalb die höhere Fügung kommt ihr stets zu Hilfe. Die Sache der Griechen war rettungslos verloren, als aus Versehen jener Schuß der türkischen Galeere abgefeuert wurde, der zur Schlacht von Navarino führte. Alle Metternichtigkeiten schleudert das Weltgesetz mit einem Fußtritt bei Seite.

Es war Mittag, als Bazeilles verloren ging. Wimpffen ordnete mit vieler Umsicht unsere zweite Position in Balan. Mich schickte er gegen Gibonne vor, um den dortigen Zustand der Dinge zu erkunden.

Es war ein großartiger Anblick, wie er wohl kaum je einem menschlichen Auge geboten ist. Auf einem unverhältnißmäßig schmalen Raume kämpften zehntausende von Menschen. Noch wurde unter mir im Grunde von Daigny um die Brücke mit Heldenmuth gerungen; aber das unheimliche Knarren der Mitrailleusen, das sonst durch allen Schlachtlärm vernehmlich gewesen war, ließ sich nur noch in langen Zwischenräumen hören. Unsere auf dem Plateau zusammengequetschten Massen wurden um so mehr von schweren Verlusten heimgesucht, als Wimpffen die Divisionen Pellé und L'Hériller zu Douay, dieser aber mehrere

Brigaden zur Verstärkung nach Balan entsendet hatte. Diese Truppen drängten und kreuzten sich nun im Marsche.

Noch jetzt aber zeigte sich keine Spur von Entmuthigung. Obwohl aus tausend Wunden blutend, stellte sich der umringte Löwe doch überall brav und trotzig entgegen und versuchte bald hier, bald da einen Vorstoß zu machen, um dem verderblichen Netz zu entrinnen. Ueberall brachen sich unsere decimirten Sturmsäulen an dem ehernen Ring und wurden in den Kessel zurückgetrieben, in welchem Tod und Vernichtung unbarmherzig wütheten. Die feindlichen Granaten wirkten Erstaunliches. Sie flogen mit der Präcision einer gut gezielten Büchsenkugel. Tirailleurschwärme wurden auf eine Distance von 3000 Schritt zur Umkehr gezwungen, größere Massen zerstoben wie hilflose Heerden, von Wölfen angefallen.

———

Aus der Hölle von Bazeilles auf die Höhe von Illy gekommen zu sein, hieß aber nur aus dem Regen in die Traufe kommen. Das Feuer dort oben war beispiellos. Man denke sich ein schmales Plateau, von einer dicht zusammengedrängten Armee besetzt, das von 20,000 Granaten gefegt wird! Es war das großartigste und entsetzlichste Schauspiel, das ich je gesehen habe. Auf den amphitheatralisch gelegenen Waldbergen ringsum hunderte feindlicher Geschütze, die Tod und Verderben über die Thäler ergossen. Die ganze Hölle schien losgelassen. Es sauste und heulte durch die Luft, es krachte und platzte hierhin und dorthin. Fortwährende Explosionen! — Drei Dörfer brannten lichterloh — aus Sedan leckte bereits eine blutrothe Flamme empor. Feuerschein und Pulverqualm mischten sich zu einer unbeschreiblich unheimlichen Atmosphäre, und über der ganzen Szene schien eine Wetterwolke zu hängen, aus der es unaufhörlich blitzte und donnerte. Es war, als ob die Engel des jüngsten Gerichts die Schalen des Zornes über eine Dante'sche Hölle ausschütteten.

Endloses Erdbeben schüttelte den Boden unter den Kämpfenden, als ob die große Mutter sich in Krämpfen winde. Die Halme und Aehren lagen geknickt und in jeder Ackerfurche die lebende Blüthe des Landes in Stücke zersetzt. Fast jeder Baum warf zitternd Splitter und Blätter als Grabtuch für die Gefallenen herab. — Ein Chaos der Verwüstung, soweit das Auge blickte!

Alle Verhältnisse wuchsen in's Maßlose, und unsre Verluste in's Ungeheuerliche. Man hat viel von dem Sturm der alten Garde und den Reiterattaquen Milhaud's gehört; ich habe später vom Sturm der deutschen Garde auf St. Privat vernommen, die durch eine en étage terassenförmig über einander laufende Feuerlinie vorrückte und 7000 Mann verlor. Ich selber habe den glorreichen Sturm auf den Malakoff mitgemacht, wobei wir 8000 Mann einbüßten. Aber was ist das Alles neben dem Aushalten auf freiem Plateau unter konzentrischem Feuer von vielen hundert Geschützen, die jedes Projektil mit unglaublicher Präzision in unsre Reihen warfen? Unten bei Gibonne und hier oben am Höhenrande war es ein ebenso erhebender als erschütternder Anblick, wie die feindlichen Batterieen brüllten — eine dichte rothe Masse den Boden

deckte — und fast damit zusammenfallend eine neue Ab=
theilung in die Lücke rückte, um bald darauf starr und
kalt auf frühere Leichenhügel niederzusinken. Unabläſſig
drangen die Blauen unten vor, unabläſſig warfen ſich
ihnen die Unſeren entgegen. Nie iſt mit ſtandhafterer
Hingebung gefochten, als hier von den Beſiegten von Wörth.
Die ſogenannte algeriſche Armee, das 1. afrikaniſche Corps,
hat ſich hier ihres Ruhmes werth bewieſen. Dennoch war
es dem gleich braven Feind gelungen, Daigny, Gibonne,
Lamoncelle hintereinander nach mörderiſchem Bajonnetkampf
zu nehmen und überhaupt miſchten ſich bereits die Reihen
der Unſern, überflügelt und abgeſchnitten, mit den preußi=
ſchen Linien. Schon wälzten ſich ganze Regimenter auf=
gelöst und im Sturmſchritt ins Innere des Bois de la
Garenne. Nichts deſtoweniger vertheidigten ſich überall
abgeſchnittene Abtheilungen und ſolche, die durchaus nicht
weichen wollten, bis zum letzten Moment mit verzweifelter
Zähigkeit. Auch unſre Artillerie, obwohl gräulich zu=
ſammengeſchoſſen, hielt ſtandhaft in ihren Poſitionen aus.
Es ſind ſogar ſehr erbitterte Gefechte noch hinterdrein da=
durch hervorgerufen worden, daß die abgeſchnittenen Haufen
der Unſern, die das Gewehr geſtreckt hatten und über die
man ruhig wegabancirte, plötzlich wieder die Waffen er=
griffen und über ihre ſchwache Bedeckung herfielen. Es
iſt gegen Kriegsgebrauch und nicht ehrenhaft. Und doch
— im Krieg iſt Alles erlaubt; der Patriotismus kennt
keine Rückſichten und Ehrbegriffe. Schon die Römer
ließen ja ihre durchs Joch geſchickten Heere auf's neue
dienen, und Napoleon I. preßte die auf Ehrenwort ent=

lassenen Offiziere sofort aufs neue zum Dienst. Recht ist's nicht, ich hätt's nicht gethan — aber daß Ducrot später dieselbe Kapitulationsbedingung brach, ist nicht sein schlimmstes Verbrechen.

Eben traf ich auf eine zum Angriff formirte Kolonne, die durch einen Hohlweg in das östliche Dickicht bei Illy hineinbefilirte. Es war der General Pellé, der sie aus versprengten Zuaven formirte. Ich grüßte meinen alten Bekannten und fragte, wie seine Leute sich hielten. Er fluchte und wetterte, sie gehorchten ihm nicht und hätten auf ihre eigenen Offiziere geschossen wie Bestien.

„Schlagen sich aber doch wie Löwen," warf ich trocken ein.

„Nicht übel!" bestätigte er knurrig. „Aber alle Disciplin ist gelockert. Verrath beginnt einzureißen."

Es bedurfte blos noch dieses unseligen Wortes, das sich bereits wie ein Lauffeuer fortpflanzte! So gingen wir denn echt französisch mit dem erhebenden Bewußtsein in den Tod: Die Offiziere würden von ihrer Mannschaft im Stich gelassen, und die Gemeinen wären von ihren Führern verkauft.

In demselben Moment fesselte meine Aufmerksamkeit eine merkwürdige Szene. Aus einer total zerschossenen Hütte, welche einzustürzen drohte, trat ein Mann, warf sich auf's Pferd und ritt dann mit wenigen Begleitern langsam querfeldein nach Sedan zu. Jeder erkannte ihn: der Kaiser war es! Sein Gesicht war erdfahl, seine Augen stier und glanzlos, als wären sie nach Innen gerichtet. Ich konnte mich nicht des Mitleids für den unglücklichen

Monarchen erwehren, der hier buchstäblich den Tod gesucht hatte: Er sollte ihn auf dem Felde der Ehre nicht finden. Hier und da begrüßte den Vorüberreitenden ein vereinzeltes „Vive l'Empereur!" aber auch drohende Rufe erhoben sich. Nicht selten richtete sich ein Verwundeter auf, um ihm mit geballter Faust und schäumender Lippe ein Schimpfwort nachzuschleudern. Es war seine Calvarienstraße. Ich mußte an Napoleons I. Abendritt bei Aspern denken. Ob Er wohl die Leichenhügel zählte?! — „Das Gespenst des Kaiserreichs!" dachte ich, als ich den bleichen Schemen vorüberschlendern sah . . . .

Dieser Anblick konnte entmuthigen. „Angeschlossen!" commandirte Pellé daher eilfertig. „En avant! Es lebe der Kaiser!"

„Ach was!" knurrte ein alter Sergeant. „Ah bah Bonaparte! Cochon! . . . Vive la France!" Mit Begeisterung wurde dies Feldgeschrei aufgenommen und, während Granate nach Granate ganze Sektionen zu Boden riß, ging es unter dem Gesange der Marseillaise, die wie durch elektrischen Elan von allen Seiten angestimmt wurde, in den Kugelregen hinein:

„Ihr Söhne des Vaterlandes, herbei!
Der Tag des Ruhmes ist gekommen" . . .
Des Ruhmes?!

Hier war nicht mehr viel zu helfen. Ich beschloß, mich zu Galliffet zu begeben, um bei der letzten intakten Reserve auszuharren. So kam ich längs der Schlucht von Cazal in die Nähe der Festung.

In dieser Thalsenkung begegnete mir Wimpffen, der

natürlich nicht wenig abgerissen aussah. Sein Uniform=
rock hing in Fetzen um ihn herum, seine Züge waren
entstellt und todtenblaß. „Gut, daß ich Sie treffe!" rief
er mir entgegen. „Ich erwarte eben Antwort vom Kaiser.
Er soll sich an die Spitze der Truppen stellen, wir werden
ihn in unsre Mitte nehmen." Ich konnte ein ungläubiges
Lächeln nicht unterdrücken. „Ich habe 6000 Mann," fuhr
er wichtig fort. „Diese sammle ich en colonne; wir
brechen durch, schlagen uns durch —"

„Werfen den Feind in die Maas," fuhr ich halb=
laut spöttisch fort.

„Und gewinnen die Straße nach Montmedy."

„So? Und was dann? Wir sind von zahlreichen
Corps angegriffen — aber dahinter habe ich noch starke
Massen bemerkt. Wir gerathen nur zwischen die feindlichen
Reserven."

Wimpffen sah mich wie geistesabwesend an. „Wollen
Sie sich anschließen? Meine 6000 —"

„Und wer soll den Rückzug decken?!"

„Ducrot und Douay, die doch weniger im Feuer ge=
wesen sind."

„Weniger?!" konnte ich nicht unterlassen, heftig ein=
zufallen. Ich war erbittert durch diese Ignoranz der Sach=
lage. „Wir haben da oben bei Illy mehr in zwei Stunden
gelitten, als da unten in sechs."

. . . „Mein Gott, mein Gott!" schrie Wimpffen,
indem er theatralisch sein Gesicht mit den Händen bedeckte.
„Meine Braven sind reihenweise niedergeschmettert." Dann
fügte er mit entscheidendem Ton hinzu, als gebe er damit

einen besonderen Beweis militärischen Scharfblicks: „Die Schlacht ist unrettbar verloren!"

„Ist Ihnen das etwas so Neues?" fragte ich kalt. „Das, Excellenz, wußte ich schon lange. Die Frage ist jetzt nur: Wie entgehen wir einer zermalmenden Niederlage, ja der gänzlichen Vernichtung? Wir schlagen uns ja nur noch für die Ehre unsrer Waffen!"

„Ziehen wir uns hinter die Wälle von Sedan zurück!"

„Mit vier Corps, die sich schon hier auf dem engen Raum zusammenquetschen? Und ohne Munition und Proviant?"

In diesem Moment kamen auf der Pappelallee zwei Reiterpaare herangesprengt — der Eine war Lebrun mit einem Stabstrompeter, der ein weißes Tuch an einer Flaggenstange trug — der Andere ein General der kaiserlichen Suite mit einem Hofbeamten, der ein dito weißes Tuch krampfhaft schwenkte. — Wimpffen wankte im Sattel, als sei er von einer Kugel vor die Brust getroffen. „Die weiße Fahne?!" stöhnte er hervor, „Kapitulation?" Ich weiß nicht, ob das ängstliche Gesicht des Höflings mich ärgerte oder ob mein militärisches Ehrgefühl sich peinlich verletzt fühlte und der Kriegerstolz sich in mir aufbäumte — sei dem wie ihm wolle, ich hatte sofort dem Trompeter die Fahne aus der Hand gerissen und auf den Boden geschleudert.

Der zurückprallende Höfling aber suchte Wimpffen einen Brief aufzudrängen: „Von Sr. Majestät. Hochwichtig."

Wimpffen öffnete und las. „Ich nehme keine Kenntniß von diesem Briefe!" rief er wüthend. „Lebrun, das nennen Sie bis zum letzten Mann aushalten? Ihr Platz ist in Balan."

„Bei den Baiern?!" versetzte Jener achselzuckend. „Ihre Sechstausend sind übrigens des Wartens müde geworden. Mir scheint jeder fernere Widerstand Wahnsinn."

„O Frankreich, wie tief bist du gesunken!" perorirte Wimpffen. „Ich verliere die Schlacht nur, weil meine Generale mir nicht gehorchen wollen."

„Natürlich! Sonst hätten Sie à la Napoleon den Feind umzingelt und sein Centrum durchbrochen und was weiß ich!" schrie Lebrun, des Schulmeisterns endlich überdrüssig. „Kommen Sie mit — mir ist's recht. Nehmen wir die Offensive — aber nicht à deux! Sammeln wir Leute und versuchen das Letzte!"

„Lebrun, wenn ich Dir das je vergesse!" rief der Alte mit augenscheinlicher Rührung. „Du bist ein ganzer Kerl. Also hinein in diese preußischen Canaillen, wer kein Hundsfott ist! Mourir pour la patrie!"

Damit stürmte der Obergeneral, den Girondistischen Todesgesang vor sich hinsummend, mit hoher Befriedigung nach Balan, wo er seine ebenso nutzlosen als heroischen Anstrengungen erneuerte und wirklich sogar aus dem Chaos im Innern der Festung immer neue Kräfte zum Kampf herausholte.

Dieser Mann hätte die Schanzen an der Moskwa genommen und wäre als „letzte Nachhut der großen Armee" über den Niemen zurückgegangen, wie „der Tapferste der

Tapfern." Als selbstständiger Führer wären ihm lauter Dennewitz und Quatre Bras gewiß gewesen. Und dieser Mann reist Hals über Kopf in 48 Stunden von Algier nach Sedan, um in einer schon verzweifelten Situation die Führung zu übernehmen!

Da ich beschlossen hatte, mich zum Tode zu ver=
urtheilen, so sprengte ich direkt in der Richtung auf die „einsame Pappel" fort, die wie eine ungeheure Grab=
Cypresse über diesem kollossalen Kirchhof hin und her=
schwankte. Sie war der point de vue, das Merkzeichen aller feindlichen Geschosse. Noch immer feuerte dort die große Batterie mit heroischer Standhaftigkeit, obwohl alle Offiziere und die gesammte Bespannung getödtet war und sie bereits von feindlichen Scharfschützen rechts und links beschossen wurde. Denn der Feind hatte mit unüber=
trefflicher Bravour wirklich den Ravelins von Floing er=
stürmt und nach wüthendem Ringen Illy weggenommen. Das Thor war zu, der Ring war geschlossen, die letzte Rückzugsstraße versperrt. Bereits waren die feindlichen Sturmharste am Westrand des Bois de Garenne aneinan=
ander gestoßen und trieben vereinigt unsere Colonnen vor sich her. Doch wäre ihnen dies bei der Geschicklichkeit unserer Vertheidigung kaum gelungen, wenn nicht das rasende Feuer ihrer auch in Bezug auf Leistungsfähigkeit enorm überlegenen Artillerie unsere Linien erschüttert, die Verstärkungen, ehe sie an Ort und Stelle kamen, weggefegt und unsere Artillerie völlig zum Schweigen gebracht hätte. Leider verstummte dieselbe, auch aus Mangel an Munition, mehr und mehr, und hörte zuletzt ganz auf zu feuern, so

daß nur das ununterbrochene Rollen des Kleingewehrfeuers an den Abhängen noch von der Energie unseres Widerstandes Zeugniß ablegte. Dieser wurde bei Illy durch die Erbitterung der dort fechtenden Abtheilungen des 1. Corps vermehrt, die in ihren Angreifern die alten Gegner wieder erkannt hatten, die ihnen die Wein= und Hopfengelände von Wörth und Weißenburg entrissen. Auch das Terrain hatte eine gewisse Aehnlichkeit.

Eben wollte ich mit Befremden mustern, wie die gesammten berittenen Streitkräfte sich plötzlich auf dieser Stelle concentrirt hatten, als ein fallender junger Rekrut, der mit stammelndem „Ave Maria" seine Arme sehnsüchtig nach Etwas auszustrecken schien, mich auf ein seltsames Mirakel hinwies. Seinem Blicke folgend, bemerkte ich nämlich den kleinen Feldaltar der Vierge des Consolations aufrecht und unversehrt, während der Bleimantel sonst Alles umfaßt hielt. Dieser Wallfahrtsort der Gegend schien noch jetzt dem Frieden geheiligt. Noch immer lächelte das Gnadenbild Madonna's, von steinerner Nische gedeckt, auf die Stürzenden herab, die sich hier zu ihren Füßen selber ihr Grab wühlten. Wie mancher arme Bursche, in Todesqualen sich windend, hat hier wohl inbrünstig um Schutz und Trost zu ihr emporgefleht!

Und sie hätte sogar reellen Schutz bieten können, weil ihr Stein eine erträgliche Deckung bot.

„Hierher, Marquis!" bekräftigte mir das eine bekannte Stimme. Es war Galliffet, der gemüthlich eine Cigarette rauchend, sein Haupt gegen das Postament der Statue lehnte.

„Nun?" fragte er mit langgezogenem pfeifendem Ton; „wie steht's, Allwissender?" Ich zuckte vielsagend die Achseln: „Außer der Ehre ist Alles verloren. Hier sterben wir."

„Bravo! Solche Compagnons kann man bei einem Todesritt immer brauchen. Schließen Sie sich an?"

„Ah, Sie wollen durchbrechen?"

„Wozu ist man sonst beritten? Jetzt fühlt man erst, warum man Caballerist ist. Bei Kulm kamen ja auch nur die Kürassiere Vandamme's davon. Eher sterben als gefangen werden! Meine Kerle haben geschworen, eher die Steinbrüche hinabzupreschen, daß den Gäulen die Rippen bersten, als in Feindeshand zu fallen."

„Ein Wort — ein Mann! Wann geht's los?"

„Ich warte so lange, bis sich diese dünnen blauen Linien da drüben wie Kautschuck auseinander gedehnt haben. Dann brech' ich sie mit meinen Weißmänteln wie Haselstecken entzwei. Dies ist unsre letzte Attaque. Die drei ersten waren erfolglos. Der alte Papa Margueritte fiel gleich beim ersten Choc und rief mir zu: Rette meine Kinder und räche meinen Tod! Qui vivra, verra!."

Damit legte der kühne Reiterführer seine Uhr auf die Kante des Postaments, um den genauen Zeitpunkt seiner kommenden Attaque festzustellen. Und als Wellington seine Uhr auf den historischen Feldstuhl neben sich legte, konnte kein festerer Entschluß ihn durchdringen. Wie jener auf das Glöckchen vom Kirchthurm Waterloo's horchte, so lauschten wir dem Tiken dieser Uhr. Wie dem Ertrinkenden tausend Ideen den Sinn durchkreuzen, so starrte ich, wie von einem sturmgepeitschten Cap, in das Meer des Unendlichen hinaus.

„Mater Dolorosa," dachte ich, auf das Gnadenbild neben mir blickend, „noch immer geht das Schwert durch deine Seele. Ewig hängt die Menschheit am Kreuze. Aber wo ist der Columbus, der uns ein neues Bethlehem der Wahrheit entdeckte? —

„Haha!" lachte der wilde Galliffet zu mir herüber. „Das wird antik. Man stürzt sich ins Schwert, wie weiland Varus, um dem „Redde, Legiones!" des Vaterlandes zu entgehen."

Ich nickte stumm und betrachtete von der Seite mit finsterem Interesse meinen Nachbar — der mir voranstürzen sollte in den Tod eines Franzosen auf dem Felde der Ehre.

Ja, da hielt er neben mir, dieser phantastisch ausstaffirte Mürat, auf arabischem Vollblutrenner, den Damascener in der Faust, geschmeidig wie ein Tiger — mit den vornehmblassen Zügen einer klassischen Marmorbüste, aber im Auge den Gladiatorblick — halb Don Juan, halb Don Quixote.

„Ja," flüsterte ich halblaut, „mögen wir hier Alle zu Grunde gehen, wie die Revolutionsfregatte „der Rächer," jeden Pardon verschmähend, angesichts der ganzen brittischen Flotte mit dem Jubelruf: „Es lebe die Republik" versank — die Nationalität ist kein Phrasen-Fetisch, sondern die einzige faßbare Wirklichkeit.

Wir rühren und rücken uns nicht — wir ändern

und wandeln uns nicht — wir bleiben wie wir sind: Franzosen Schulter an Schulter.

Ist nicht Ducrot in Cäsars Memoiren als Dumnorix geschildert? Hat nicht Galliffet vor Cäsar courbettirt als Vercingetorix? Vernichtet uns Mann an Mann — bis auf den letzten Mann bleiben wir wie wir sind: Franzosen in alle Ewigkeit! Franzosen Schulter an Schulter!"

Einen letzten, den Scheideblick, warf ich auf das Kriegstheater um mich her.

Auf dem rechten Flügel tobte noch immer der erbittertste und andauerndste Straßenkampf des Kriegs. Ueberall in Gehöften, Hecken und Gärten schlugen die Unsern einen Kampf der Verzweiflung. Obwohl bis unter die Festungswerke zurückgeworfen, setzten sie mit wüthendem Elan ihre Vorstöße fort.

Auf der Linken hatte ich vor mir die brillante Erstürmung hartnäckig vertheidigter Höhen durch den Feind. Unsere berühmt gewordenen Reiterattaken verbanden sich damit. Der ganze Boden schien von weißen Flecken wie mit Papierschnitzeln bedeckt; daneben dunklere und bunte — aber Alles das regte sich nicht. Längs der gelben Steinbrüche geben die dort aufgethürmten weißen Haufen Zeugniß von der Todesverachtung, mit der unsere Weißmäntel den Kürassiren von Reichshofen nachgeeifert hatten.

Unsere Cavallerie war der feindlichen nicht gewachsen. An Heroismus aber ward sie sicher nicht von jenen weißröckigen Panzerreitern übertroffen, auf deren Todesritt bei Mars la Tour die Preußen mit so viel Befriedigung zurück=

blicken. Obwohl diesen tapferen Geschwadern der Erfolg versagt blieb, obgleich ihr aufopferndes Vor- und Draufgehen das längst besiegelte Geschick der Armee nicht mehr abzuwenden vermochte, so blicken wir doch mit gerechtem Stolze nach den Gefilden von Floing, auf welchen Galliffets Schaar in ruhmvoller Weise dem siegreichen Gegner erlag.

Alle diese Aktionen wurden jedoch in Schatten gestellt von dem starren dreistündigen Aushalten auf kahler Hochebene unter der furchtbarsten Kannonade der Kriegsgeschichte. Wo unsere, dem Ansturm des feindlichen Fußvolks, ausweichenden Reservekolonnen auf den lichten Stellen des Plateaus auftauchten, empfing sie ein Hagel von Geschossen und trieb sie in das Gehölz von Garenne. Aber auch dort war keine Sicherheit für sie. Ueberall erreichten sie die Granaten und trieben sie aus dem Wald auf die lichten Stellen und von den lichten Stellen in den Wald zurück. Alles, was auf dem Terrain zwischen Illy und Gibonne gestanden hatte, drängte endlich in den Bois de Garenne hinein, um vor dem vernichtenden zermalmenden Kreuzfeuer Rettung zu suchen. Aber nirgends ließ der Gegner den Unsern Ruhe, dessen Infanterie nun von allen Seiten vordrang, ungeduldig den Sieg zu vervollständigen. Hier entstand eines der blutigsten und größten pêle-mêle-Gefechte, das wohl je geführt worden ist. Truppweise rang der Sieger mit den aus allen Schlupfwinkeln hervorkommenden Unsern, die bald fliehend ein bloßes Kesseltreiben gewährten, bald, sich zu verzweifelter Gegenwehr setzend, in wirr-chaotischem Gemetzel rauften. In dieses Chaos hinein feuerte die beiderseitige Artillerie. Oft fielen die Geschosse so dicht, daß Freund und Feind — Füsiliere, Musketiere, Chasseurs, Turkos bunt durcheinander — einem gleichen Triebe folgend, hinter den Baumstämmen Queue gemacht haben sollen, um sich einigermaßen zu schützen. Ueberall stürzten die Unsern, wie ermuthigt durch den Anblick eines sichtbaren Feindes — der Artillerie gegenüber waren sie ohnmächtig gewesen — wie rasend auf die Stürmenden. Nicht einmal bei Wörth, wo die Zuaven noch vom trotzigen Stolz der Unüberwindlichkeit und von Gloire-Durst beseelt waren, habe ich sie in so wilden Tigersprüngen, mit dem Haubajonnet und Yatagan wie mit Sicheln mähend, ansetzen sehen. Aber an der unerschütterlichen Kaltblütigkeit der preußischen Schützen prallten sie ab, wurden bataillonsweise hingemäht und verschwanden im Dunkel des Dickichts. —

Ja, nur lügenhafte Schwätzer können zu behaupten wagen, daß sich die Soldaten des zweiten Kaiserreichs nicht völlig ihren Ahnen ebenbürtig bewiesen haben. Die Armee war glänzend. Wir unterschätzten den Gegner, aber unsere Zuversicht war natürlich. Gleichwohl haben wir nie so sehr das Letzte daran gesetzt wie in diesem Kriege. Und das gilt von der ganzen Nation. Wir haben den Kampf bis auf's Messer zur Wahrheit gemacht und uns buchstäblich bis zum letzten Mann gehalten. — Man hat uns Franzosen Mangel an Standhaftigkeit vorgeworfen. Aber nie hat eine Hauptstadt mit so opferwilliger Begeisterung den Entbehrungen einer beispiellosen Belagerung getrotzt. Nie hat eine Armee einem überlegenen Feind zäheren Widerstand geleistet. — —

„Löwen, von Eseln geführt!" urtheilte der Vertheidiger, des Redan über die Engländer. Das gilt auch bei Andern. Napoleon rief beim Scheiden nach St. Helena: „Heimath der Braven, ein paar Verräther weniger und du wärest noch die große Nation" . . . .

Aber auch die kräftigst organisirte menschliche Natur hat ihre Grenzen. Aeußerste Erschöpfung bricht den entschlossensten Widerstand. Mit tiefem Schmerz beobachtete ich durch mein sehr scharfes Glas, wie die Lichtungen, wo es von Rothhosen wimmelte, nicht mehr gefechtsfähige Männer, sondern kampfmüde Gefangene enthielten. Sie hielten den ganzen Weg besetzt, an der Spitze des unübersehbar langen Zuges die Offiziere, darunter selbst Viele von hohem Range, und ich sah deutlich, wie die feindlichen Generale mit ihrem Stab sich buchstäblich an den spalierbildenden Entwaffneten vorüberdrängen mußten. Schon wurden diesseits auf den Höhen die Linien der Preußen sichtbar, bestaubt, erhitzt, die Helme zerschlagen, die Uniformen zerrissen, aber leichten schnellen Schrittes, als sollten sie das Siegeswerk von vorne beginnen. Kanonendonner, Flintenfeuer und Musik wurden übertönt von ihrem donnernden Hurrahgeschrei und so ging es mit klingendem Spiel an unseren gebrochenen, elenden und niedergeschlagenen Massen vorüber, die düster auf ihre gestreckten Gewehre niederstarrten, während man jubelnd die eroberten Fahnen vorübertrug, auf deren gelber Seide die Namen Austerlitz, Jena und Borodino stehen mochten. Aber der Faust des Trägers waren sie sicher erst im Todeskrampfe entwunden. Uebrigens soll der feindliche General sich nicht enthalten

haben, den tapferen Männern achtungsvoll grüßend seine
Anerkennung des heroischen Widerstandes auszusprechen.

Mittlerweile war auch unser linker Flügel zertrümmert.
Vor den entsetzlichen Generalsalven, welche die 500 feind=
lichen Kanonen a tempo abgaben, war mit der Zeit das
Plateau fast gänzlich geräumt worden. Nicht mehr in ge=
schlossener Ordnung, sondern in Verwirrung aufgelöst,
hatten sich unsre Kolonnen in die Büsche von Cazal zurück=
gezogen. Aber auch dort ereilte sie das Feuer im Rücken
von der Maasschleife her. Ein fluchtartiger Rückzug be=
gann. Riesige Staubwolken, aus denen einzelne Blitze die
Waffen der durcheinander gemengten Truppengattungen ver=
riethen, zeigten nur noch, wo sich unsre Heerhaufen wie
ein breiter Strom oder wimmelnd wie ein verstörter
Ameisenhaufen durch die Schlucht in die Festungsthore er=
gossen. Wo sonst die weißen Villen der Vorstadt aus dem
freundlichen Grün hervorschimmerten, lag der gelblich dicke
Qualm eines großen Brandes, der sich über das viel=
gewundene klare Gewässer verbreitete. Zwischen den Kirchen,
Magazinen und Kasernen der malerisch am Berge hinauf
gruppirten, von der pittoresken Citadelle, der Maas und
den Waldbergen eingeklemmten Stadt stiegen tintenschwarze
Wolken auf; fast nach jedem neuen Schuß loderte eine
neue Feuersbrunst zum dämmrigen Himmel. Zehn Dörfer
brannten mit furchtbar prächtiger Gluth. Bei Balan schien
man bereits das Glacis mit Kartätschen zu bestreichen.
Hier oben auf dem kahlen Hügelrücken wirbelten fünfmal
hinter einander hohe pinienförmig sich ausbreitende und
lange in dieser Form verharrende Rauchsäulen empor —

fünfmal flogen Protzkästen in die Luft! Die Phantasie mochte sich die Wirkung im Detail ausmalen.

In Sedan herrschte das Chaos. Nur zwei Worte durchliefen selbst bei den Kämpfenden alle Reihen, anklagend und fordernd zugleich: Verrath und Capitulation! Man war des Massacres müde und dennoch verzweifelt den letzten Schritt thun zu müssen. Ueberall in der Stadt tobte Bürger! Die Erde mit Granatsplittern besät! Hungernde Soldaten zerschnitten todte Pferde, um sie zu kochen. Schon zerdrückte man sich, um über die Pallisadenthore in die Stadt zu gelangen. Abgesessene Caballeristen versuchten sogar über die Contreeskarpe zu springen. Andre sprangen mit Pferd und Allem in den Festungsgraben, ob sie auch die Beine brachen. Offiziere aller Grade kletterten in diesem schmachvollen Getümmel über einander weg. Dahinter kamen Kanonen mit ihren schweren Lafetten und fetten Pferden und bahnten sich, die Flüchtlinge zermalmend, einen Weg durch das ringende Gedränge, in welches die preußischen Granaten massenhaft einschlugen. Alle Gassen mit Pulverkarren verstopft! — Man konnte sich nur die einzige Vorstellung von unsrer unglücklichen Armee machen: daß sie sich auf dem Grunde eines siedenden Kessels befinde! Hier hätte Doré den Uebergang über die Beresina studieren sollen. Auch hier jagten durchgehende Fuhrwerke mitten in den Knäuel hinein und vermehrten die allgemeine Verwirrung.

Während ich verzweiflungsvoll in diesen Strudel des Verderbens starrte, wurde ich durch ein Zusammenzucken Galliffet's, der unverwandt den nahen Kampf auf der

Kuppe beobachtete, aus meinem Brüten aufgestört. Plötz=
lich steckte er gelassen die Uhr ein — fast damit zusammen=
fallend verstummte die Batterie der einsamen Pappel, deren
letzte Bedienung noch im Tod die Geschütze umklammerte
und in dunkelm Gewimmel stürzte es über die Höhen
weg. Allenthalben tauchten feindliche Tirailleurschwärme
auf, die uns bereits bei Cazal den Rückzug nach der
Festung abschnitten.

Galliffet warf mir einen bedeutsamen Blick zu, dem
ich folgte.

Schon eine Minute später schmetterten die Trom=
peten zur Attake und die Divisionen Margueritte und
Salignac=Fénelon — Kürassiere, Lanciers, Husaren,
Chasseurs d'Afrique — mit wehenden Standarten und
flatternden Roßschweifen, alle Offiziere weit vor der
Front, Galliffet mit geschwungenem Damascener Allen
voraus, brausten unaufhaltsam über die Abhänge hinab.
Nie ist mit größerer Entschlossenheit der letzte Hauch von
Roß und Mann darangesetzt worden. Von dem bekannten
Stutzen war gar keine Rede mehr. Jede andre Truppe,
als diese kriegsgeübten und unerschrockenen Deutschen wäre
im Hui auseinandergesprengt oder gar von Panik ergriffen.
So aber bedeckten sich Angegriffene wie Angreifer mit
Ruhm. An Quarrébilden wurde nicht mehr gedacht, es
fehlte auch an Zeit dazu. In Knäuel zusammengeballt
oder ganz frei im offenen Felde stehend, jede Deckung ge=
schickt benutzend, begrüßten uns diese in Schwärme auf=
gelösten Corps mit einem so rasenden Schnellfeuer, daß die
ersten Glieder der blanken Panzergeschwader Mann an Mann

wie über den Tisch gefächerte Karten in sich zusammen= sanken. Ohne uns aber, wie unsre Küraffiere bei Aspern, durch diese lebendige Barriere hemmen zu laffen und zum Sammeln zu blasen, warfen wir uns über die noch zucken= den Rosse und Leichenhügel weg auf den Feind.

Aber durch die ungünstigen Bodenverhältniffe und das heftige Flankenfeuer der feindlichen Batterien war bereits im Anreiten der innere Verband gelöst und wir kamen daher einzeln und weit auseinander zum Einhauen. Nichtsdesto= weniger durchbrachen wir die feindlichen Schützen, die sich uns mit tollkühner Bravour im Einzelkampf entgegen= stellten, ja wie die englische Infanterie bei Minden mit gefälltem Bajonnet anstürmten. So geriethen wir in un= gestümem und wuchtigem Anlauf in die feindlichen Reserven, an denen wir theilweis unaufgehalten vorüberjagten. Mehrere Schwadronen drangen ungeachtet der auf sie ge= richteten wirksamen Kartätschlagen zwischen die feindlichen Geschütze ein, deren Bedienung sich mit Wischer und Seiten= gewehr vertheidigen mußte. Aber immer vernichtender wurde das Feuer, ganze Haufen wälzten sich sterbend über die Abhänge, alle Generale und Stabsoffiziere fielen. Viele glitten, den Geschoffen entgangen, strauchelnd in die nahen Steinbrüche hinab oder zerschmetterten sich dort freiwillig — eine Curtius=Hekatombe der militärischen Ehre.

Ich weiß nur noch, daß ich mit einem Hauptmann mehrere Hiebe wechselte, die denselben im Sattel schwanken machten — ich fühlte mich mehrmals gestreift und leicht verwundet — dann sah ich mich plein carrière mit sechs Kameraden die große Landstraße hinaufsausen.

Wir entkamen wirklich, schon waren wir jenseits der feindlichen Linien. Immer schwächer wurde das Feuer hinter uns, plötzlich wurde es ganz still.

Wir hielten auf einem jenseitigen Hügel und blickten auf den offenen Sarkophag zurück, in dem die Gloire der großen Nation bestattet wurde. Nur das Grollen einiger Geschütze ward noch laut.

Kein Maler konnte ein schöneres Bild träumen, als in Mitte dieser sonnigen Landschaft, welche Berg und Fluß, Wald und Acker, Stadt und Dörfer, Hecken und Stoppelfelder in anmuthiger Abwechslung vereinigte, jene dichte Brand= und Pulverwolke, die, unten schwarz oben weißlich=grau, sich an der Spitze wie eine Baumkrone ausbreitete.

„Die Kapitulation!" sagte ich halblaut. Meine Begleiter knirschten mit den Zähnen.

Schweigend trabten wir thalab, bis wir die belgische Grenze erreichten.

„Adieu, charmant pays de France!
Adieu, te quitter c'est mourir!"*)

Blutroth ging die Sonne unter.

---

*) Béranger.

Und noch einmal sah ich sie untergehen blutroth über strömendem Blute — nicht die Sonne von Austerlitz! Kein erwachendes Leben begrüßte die Frühlingssonne des 27. Mai, sondern die hingesichelte Ernte des Todes. Das war der Tag des Zornes.

Ich hielt, todtmüde von fünftägigem Kampf, auf dem Plateau von Grenevilliers, um mich her das Panorama des neuen Roms.

Nicht weit von mir ragte der Eisenbahnviadukt auf, der beim „großen Ausfall" vom Blute Tausender bespritzt wurde. Damals war er beschüttet vom Dezemberschnee, als Ducrot, einen Säbel in der Rechten, einen andern zwischen den Zähnen, allen Bataillonen vorauf, allein und zu Fuß den Damm überschritt, nachdem das Kreuzfeuer ihm zwei Pferde unter dem Leib und die ganze Linie seiner Offiziere getödtet hatte. Weiter entfernt die Parkmauer von Buzenval, wo mein Freund Regnault zusammenbrach — ein kostbares Leben, das, der Kunst geweiht, dem Vaterlande sich opferte. Dort drüben schlang sich der Silbergürtel der Seine. Dort wieder schlugen unsre Pioniere die Marnebrücken, als wir hinüberstürmten, mit der Linken die Augen deckend, um nicht zu sehen was fiel, blind, wie wüthende Stiere, gegen die Schanzen von Champigny, nur um uns fruchtlos in unserem Blute zu wälzen. Aber nicht unrühmlich für uns war die Sonne jenes Tages gesunken und freudig wandten wir damals unser Auge zurück, wo der ganze Horizont von illuminirenden Lichtern der Hauptstadt erglänzte. Heut lag sie noch heller da vor unserm starren Blick und flücheschäumendem Mund.

Das war nicht das magische Licht der elektrischen Maschine, das aus Bazin's Observatorium auf dem Montmartre die ganze Ebene vom Mont Valerien bis zum Fort de la Briche übergoß. Ah! ein anderer Glanz umspann die Metropole. — — Klar und deutlich erhoben sich über'm Arc de Triomphe — jetzt unser caudinisches Joch, unter dem der einziehende Eroberer unsern Stolz gebeugt, — die spitzen Giebel von Notredame (O Münster, o Straßburg, Straßburg!). Doppelt vergoldet schimmerte die Kuppel des Invalidendoms herüber, neben den Riesenthürmen der Tuillerien. Aber diese strahlten ihr eigenes Verderben aus, wie ungeheure Leichenfackeln über dem Chaos dieser Bartholomäusnacht — der Louvre brannte!

Ja, vor unsern Augen gingen sie in Flammen auf, Klöster und Kirchen, Theater und Bahnhöfe, Rathhaus und Ministerium. Die Petroleum=Megären, willenlose Puppen dämonischer Zerstörungslust, durchtobten irrleuchtenden Auges dies Pandämonium, diesen Hexensabbath. Gleich wie Sardanapal den eigenen Palast zum Scheiterhaufen wählte, so schuf sich die Commune aus ihrer Vaterstadt ihr Todten=

mal. Jegliches Gefühl versteinernd, jagt die Medusa Bürgerkrieg das Schwert selbstmörderisch in des Bruders Eingeweide.

Mir war, als brenne ganz Paris unlöschbar fort in meinem wunden Herzen, in sich selbst verblutend.

Kriegsgefangen die große Armee und zurückgeschickt zu den heimischen Forts, geliehen durch die Gnade des Siegers, um die Fremden dort Meister zu finden und zu Füßen die brennende Hauptstadt! — Ja, die Marinekanonen, deren kolossale Granaten unablässig den Belagerer überschüttet, spieen jetzt Tod und Verderben auf die Erde, die sie so standhaft vertheidigt hatten. Unaufhaltsam donnerten unsre 128 Batterien von allen Seiten, ein undurchdringlicher Flammenring. Von der Höhe von Fours à chaux, wo sie am 1. December in der äußersten Front an die feindlichen Linien herangefahren und unerschüttert im Kleingewehrfeuer mit Verlust aller Offiziere bis zum Schlusse ausgeharrt, jagte jetzt unsre Artillerie thalab über die Leichen feindlicher Landesbrüder und fegte, Barrikade nach Barrikade zertrümmernd, die Boulevards mit Kartätschen. Unsre blauen Colonnen drangen im Sturmschritt concentrisch durch alle Thore, Märkte und Straßen hinauf, bis die Rothen im äußersten Winkel der Ringmauer zusammengepreßt.

O ihr Manen der Vertheidiger von St. Cloud, die ihr durch Selbstverbrennung den umgürtenden Ringeln der ehernen Schlange entginget, habt ihr uns geführt mit patriotischem Grimm, als durch die Porte St. Cloud wir in's Innere drangen? — Glich er doch einem gespenstigen

Schemen des Vaterlandsgefühls, jener Jules Ducatel, der im Morgennebel des 21. Maitags die Höhe hinaufschlich, wo wir Stabsoffiziere jenes Flügels lagerten. Mit äußerster Lebensgefahr, den Kugeln unsrer eigenen Vorposten entrinnend, schlich er hinauf, um uns in Kenntniß zu setzen, daß die Mauer dort unbesetzt sei. Jede Belohnung wies er zurück und bekannte sich ehrlich zur Partei der Empörer.

Und warum wagte er sein Leben zu diesem Verrath? Hat ihn einer der Schreckensmänner beleidigt? Oder — où est la femme?! Aber nichts von alledem. Mit leiser, vor Erregung zitternder Stimme, erzählte er zähneknirschend, man habe bereits am vorigen Spätmittag Unterhandlungen begonnen mit den Preußen in den Forts, um dem Erbfeind Paris zu überliefern, falls er sie schützen wolle. Und ehe er dies Aeußerste dulde — — der Mann bebte am ganzen Leib und uns Allen zuckte die Faust an den Säbelgurt. O Consequenz der Internationale! —

Ja, jetzt glitzerte es drüben auf den Wällen der Außenforts: Helm an Helm lagen sie dort auf der Brustwehr, wie in der Brüstung einer Theaterloge, und beklatschten den Knalleffekt des Feuerwerks, wie da unten im Höllenkrater Franzosen sich würgten.

Und auf der Hochebene lagerten die Einwohner der umliegenden Dörfer — „les bons villageois!" — und jauchzten und tranken sich zu bei jeder Feuergarbe, die meteorisch zum Himmel aufschoß. Denn ihren hämischen Neid erfreute das Gottesgericht über's sündige Babel, das die Provinzen beflecke.

Horch! Dort tönt es herüber — Janitscharenmusik —

der Commandant des nächsten Forts läßt die Regiments=
bande aufspielen zu dem Satans=Karneval!

Wüthend stieß ich meinem Roß die Sporen in die
Weichen und jagte weiter und weiter, bis ich die Ebene
von Sartory erreichte. Und dort sah ich Ihn wieder,
meinen Genossen vom Todesritt.

Es war eine schaurige Szene. Unabsehbar dehnte
sich unten die brennende Stadt, unabsehbar rasselten und
wogten hinein die Batterieen und die Sturmsäulen des
Fußvolks. Aber auch thalauf wälzte sich's her — unab=
sehbar. Zahllose Gefangenenzüge wurden hier hinauf=
getrieben von den erbitterten Truppen — dreißigtausend
an Zahl — während sie unter verkohlenden Trümmern
zwanzigtausend Leichen der Ihren zurückließen.

In der Juni=Schlacht überlieferten die Afrikaner
Cavaignac's ihre Gefangenen der feigen Rache der National=
garden. Heute verschmähten sie nicht den Henkerdienst bei
den Mordbrennern des Vaterlandes. Aber gräßlich hatten
sie sich zu Schergen verwandelt. Blutdürstigen Grimm
auf allen Zügen ausgeprägt, trieben sie mit Kolbenschlag
und Bajonnetstich, mit wilden Drohungen und cynischem
Hohn ihre Opfer zum Richtplatz. Und wie viele Schuld=
lose darunter! Denn wer nur aufgegriffen, ob mit den
Waffen oder nicht, war dem Tode geweiht. Der gallische
Tiger hatte Blut geleckt. — „Die Tigeraffen!" dachte ich
schaudernd an Voltaires furchtbares Wort. — —

Mitten auf der Höhe hielt Galliffet mit seinem Stabe.
Er hatte sich's erbeten, die General=Exekution zu voll=
strecken. — Wieder sah ich ihn vor mir, wie am Bilde

der Gottesmutter, nachlässig im Sattel lehnend, um den hochmüthigen Mund ein kaltes Lächeln. All den Seinen voran war er in die Stadt gesprungen, wie der Panther auf seine Beute. Wie beim Todesritt von Sedan, war die tödtliche Kugel abgeprallt an jener berühmten Platina=platte, die ihm statt der zerrissenen Bauchhaut nach der Erstürmung von Puebla der Leibarzt des Kaisers angeschnallt. — Seine schmale feine Hand — eine Tyrannenhand, wie wir sie auf den Portraits Cäsar Borgias und Karls I. bewundern — spielte gleichgültig mit dem Medaillon seiner blonden Gattin, der famosen Löwin der Hofzirkel. Sein verschleiertes Auge schweifte träumerisch nach der Gegend des Bois de Boulogne, das ja nun während der Be=lagerung rasirt war. Dachte er vielleicht an die Tage zurück, wo er an Ihrer Seite im Corso Wette gefahren, Repräsentant des echten Dandy=Chic's und Modeführer der jeunesse dorée?

Unsre Blicke begegneten sich. „Die Weltgeschichte copirt sich selber!" warf er mit blasirter Ruhe hin. „Der Octavian folgte dem Cäsar und schenkte uns ein zweites Waterloo. Und auf die Juni=Schlacht — ein Vorposten=scharmützel en miniature im Vergleich zu heut — haben wir jetzt eine Maischlacht, an der Marat seine Freude hätte."

„Ja," murmelte ich, „und auf den ‚rothen Schrecken‘, auf die Septembriseurs folgt das gemüthliche Würgen der Thermidoristen."

„Ah bah! ‚der weiße Schrecken‘ der Royalisten?" lachte Gallifet auf. „Sind wir doch gute Republikaner, getreue Diener der herrschenden Staatsform!"

„Das war auch Tallien," bemerkte ich trocken.

„Ist das eine Anspielung auf Ihren ergebensten Diener, Herr Kamerad? Sehr schmeichelhaft. Der glatte geschniegelte Tribun hatte doch eben Muth. — Aber ich bin nur ein rauher Lagersoldat und höchstens ‚ein Gewehr in der Hand des großen Mannes', wie der selige Ney sich nannte."

„Des großen Mannes?" wiederholte ich gedehnt. „Ja wohl! Ich will nur hoffen, daß sich jenes Direk=torium des zahmen Schreckens nicht wiederholt mit der ‚gemäßigten' Deportations=Rache. Denn das duckt ein Napoleon immer unter und unser Léon —" ich ver=stummte mit einem vielsagenden Blick. Galliffet biß sich auf die Lippen.

„Zielen der Herr Kamerad vielleicht auf unsern — Carnot?" raunte er mit einem stechenden Blick. „Ah, das rothe Gespenst macht Sie Gespenster sehen, mein bester Marquis. — Apropos, dies Geschäft hier muß en bloc erledigt werden. Ecraser l'infame! Man muß beginnen aufzuräumen." Damit sprengte er rasch die Gefangenen=masse entlang und hielt dann, um die Leute, langsam die Front abreitend, zu mustern, indem er zwischen den weißen Zähnen trällerte: Partant pour la Syrie."

.... „Die Hände!" ...

Man zeigte sie. Ob schwarz von Pulver, ob von Ruß oder Schmutz — galt hier ja gleich. Wer hatte Zeit zur Untersuchung? Jede ungewaschene Hand hatte sich hier eben angeschwärzt auf Leben und Tod.

.... „An die Mauer!" ...

Zu Hunderten standen sie dort, Schuldige und Unschuldige, Gerechte und Ungerechte. Denn Gott ist hoch und Gerechtigkeit weit und das Sodom-Strafgericht der Menschen ist blind und taub. — — Aber Keinen habe ich zittern gesehen. Und sie starben wie französische Männer.

Aber das Verfahren schien doch noch nicht summarisch genug. Die Danton'sche Kürze war hier vonnöthen und mit zermalmender Hast fuhr dahin der Engel des Todes, der Schrecken. —

„Marlborough s'en va-t-en guerre," pfiff Galliffet vor sich hin, indem er den Gefangenen grad ins Gesicht sah. Manche erbleichten von dem forschenden Auge, aber die Meisten wiesen dem vornehmen Henker die Zähne mit trotziger Stirn. Die Nasen solcher Leute gefielen ihm nicht! Er winkte nur mit dem Daumen über den Rücken: „An die Mauer!"

Salve auf Salve schmetterte die Unglücklichen nieder, ganze Massen wälzten sich in ihrem Blute. Andere wurden weiter thalab getrieben. Das Pelotonfeuer der Schergen krachte ununterbrochen.

Von unten scholl es donnernd herauf und pflanzte sich über die Hügel fort: „Vive la Republique!" Die letzte Barrikade war gefallen — auf ihr der letzte Häuptling der Rothen, der greise Robespierre der Kommune Delescluze, indem er theatralisch die offene Brust als Zielscheibe bot.

„Wirds bald?" schreckte mich eine scharfe Stimme dicht neben mir auf. Einer der ersten Führer, ein bleicher

Jüngling mit blondem Haar, erwartete mit geschnürten Händen sein unvermeidliches Schicksal.

Mit grenzenloser Verachtung stierte der triumphirende Aristokrat über ihn hin. — „Geduldet Euch noch ein wenig, mein Junge!..... Muster-Catilinarier!" warf er mir über die Schulter zu. Da fiel der Mensch mit schneidender Stimme ein, wie als Erläuterung jenes Ausdrucks:

„Morny — St. Arnaud — Galliffet!"

Einen Moment blähten sich die schmalen Nasenflügel des Generals und er zuckte unmerklich, wie in nervösem Mißbehagen. Ein seltsam peinliches Lächeln überflog seine Lippen. Aber ohne sie zu öffnen, hob er gelassen die Rechte — die Chassepots hoben sich. Hochaufgerichtet stand der junge Mann, seine Augen rollten unheimlich: — „Auf Wiedersehen bei Philippi!" Dann commandirte er mit fester Stimme: Feuer!.... „St. Just!" dachte ich, auf die Leiche des Getödteten starrend. Und mir ward, wie dem „Bombenkönig" von Neapel, als ihm die Leiche seines Opfers entgegenschwamm und er aufschrie: „Was will dieser Todte?" ... Verlangt der Dienst des Vaterlandes Opfer wie die Mordreligion der Assassinen? ...

„Vive la Commune!" Die Cigarre im Munde, oder sie zum Zeichen des Schusses stolz emporschleudernd, waren die letzten Communards in einer Reihe, das Haupt straff an die Mauer gelehnt, hier oben auf der Höhe mannhaft gefallen.

Der Lärm des Straßenkampfes verhallte. Nur spärlich rollte das Feuer der Exekutions-Truppen die Abhänge entlang. Ueberall war die wehende Trikolore auf Thürmen und Dächern aufgehißt. Jetzt stieg der Gesang der Marsailler Hymne aus den rauhen Kehlen der Sieger.

Schon beim ersten Ton war Galliffet heftig emporgefahren. „Eh da, Lieutenant Desgrandchamps und Sie, Capitän de la Tour du Pin!" schrie er seinem Adjutanten zu, „sofort den Regimentern Befehl bringen: Das Abplärren dieser allzu leicht mißverstandenen Hymne ist untersagt!" . . . Ich konnte ein malitiöses Lächeln nicht unterdrücken — Galliffet runzelte ärgerlich die Stirn. Aber fast zugleich glättete sich dieselbe und er jagte ventre à terre, mit einem Ausruf freudiger Ueberraschung, einer Kalesche entgegen, die sich über die Hügel den Thoren der Vorstadt zu bewegte.

Ich sah ihn militärisch salutiren und einem untersetzten Herrn, der sich grüßend im Fond des Wagens erhob, mit freundschaftlicher Ehrerbietung die Hand schütteln. Wie als Eskorte am Wagenschlag entlang trabend, geleitete er den Fremden an uns vorüber. Ich erkannte das stolzgeschnittene Imperatorenprofil des Mannes, der durch brutale Energie wenigstens Frankreichs Waffenehre gerettet. Um welchen Preis?!

O sinnverwirrender Todtentanz! Drinnen die Internationale Hydra mit Feuer erstickt, um bald auf's neu zu erwachen; — draußen der nationale Staat, in nächster Nähe vom Erbfeind verlacht, der ihn erobernd in den Staub getreten; — und über den wundenmüden Leib des zerstückelten Frankreichs rollt sie gemächlich dahin in nationaler Vermummung, die Dictatur.

O Herr Deroulede, der Sie ein schlechter Poet, und Herr Neuville, der Sie ein großer Künstler sind, lassen Sie ab, mit Tiraden und übertriebener Pose den Heroismus unseres Unterganges feiernd, uns durch Schmähung des Gegners zu neuen Niederlagen zu stacheln. Sollen wir wie die Inder beim festlichen Tirunal uns vor den Wagen des Götzen stürzen, auf daß er uns zermalme? Weiser ist's und tapferer, der unerbittlichen Pflicht und der eisernen Nothwendigkeit fest ins Auge zu sehen....

Drunten setzten die Glocken des Carmeliterklosters ein und feierliches Läuten ging um von Thurm zu Thurm in der Runde — Siegesfeier und Todtenmesse zugleich! Und unsere Kanonen waren verstummt.

O, daß sie in Zukunft nur Friedensfeste grüßten! Dann möge Europa, das ihren Donner aus tausend Schlachten kennt, freudig ihrem ehernen Munde lauschen!

———

Die Abendwolken zerrißen wie in lange Ströme von Blut. So, als Jesus schrie, zerspalteten himmlische Hände den blutigen Schleier in brennende Fackeln. — War es ein Widerschein der Erde, über die das rothe Gespenst bluttriefend dahinschlich?...

Ueber'm Montmartre sank die Dämmerung; in ihrem Schatten zerschmolz die Axe des goldenen Licht's in die Ewigkeit. O ewiges Nichts, wenn begräbst du selber die endlos fort sich wälzende Flamme der Creaturen, die dämonisch zu eigener Selbstzerstörung die Weltgeschichte vorantreibt?... Die Sündfluth rollt ruhig weiter und treibt die Leichen-Inseln hinab zum allverschlingenden Meer. — —

Die Sterne stiegen langsam auf die Leichenwache über diesem Blutmeer, in dem sie mitleidlos sich spiegelten. Einst fegt der Todesengel auch sie hinweg wie werthlosen Kehrig mit seinem weißen Fittich; und auch dies Blut wird er verwischen, das den Boden des Vaterlandes zu frisch keimendem Leben düngt.

Gespenstisch ragten dort drüben im Dunkel die feindlichen Forts in unheildrohender Größe, schweigend und ernst wie die Zukunft.

Sei es! Zerstampft unsere Gebeine zum Mörtel der Zukunft, zerschmettert mit dem Spielzeug unserer goldenen Adler auch all' unsere Idole! Wir krampfen uns fest an dem Einen und Letzten, das uns kein stürzender Himmel entreißen kann:

das Nationalgefühl.